MANDY MUCKETT

DU BIST WUNDER-SCHÖN

Mich mit den Augen Gottes sehen

cap-books

IMPRESSUM

Bestell-Nr.: 52 50445
ISBN 978-3-86773-205-5

Alle Rechte vorbehalten
© 2014 by cap-books/cap-music
Oberer Garten 8
D-72221 Haiterbach-Beihingen
07456-9393-0
info@cap-music.de
www.cap-music.de

Umschlaggestaltung, Layout: Olaf Johannson, spoon design
Fotos: Shutterstock.com
Übersetzung: Esther Middeler
Lektorat: Nadine Weihe
Autorenfoto: KCP - Kelly Craig photography – www.kellycraigphotography.com

Bibelzitate sind, falls nicht anders gekennzeichnet, entnommen aus:

Neues Leben. Die Bibel © 2002 und 2006 SCM R.Brockhaus im SCM-Verlag
GmbH & Co. KG, Witten.

Weitere Bibelübersetzungen:

ELB: Elberfelder Bibel © 1985/1991/2008 SCM R.Brockhaus im SCM-Verlag
GmbH & Co. KG, Witten.

GNB: Gute Nachricht Bibel, revidierte Fassung, durchgesehene Ausgabe,
© 2000 Deutsche Bibelgesellschaft, Stuttgart.

Ich widme dieses Buch dem Geist des lebendigen Gottes, der mich dazu inspirierte und mich befähigte, es zu schreiben. Gott, unserem Vater, Jesus, Gottes Sohn, und dem Heiligen Geist sei alle Ehre.

Ich danke meinem lieben Ehemann Keith und meinen Töchtern Georgia und Sydney, die mir alle Zeit der Welt gaben, um im Gebetsraum des International House of Prayer in Kansas City zu sitzen und dort zu schreiben. Ich liebe euch mehr, als ihr euch vorstellen könnt.

Danksagungen

Dieses Buch wäre ohne die Einladung meiner Pastorin Silvia Nickelson nie geschrieben worden. Unsere Reise zum International House of Prayer in Kansas City, USA, hat mein Leben verändert, und ich kann dir gar nicht genug dafür danken.

Jeder Mensch braucht Ermutigung. Meine Freundin Martina Fink hat mich unermüdlich unterstützt und ihre Freundin Steffi Rapp hat uns viele gute Ratschläge gegeben. Herzlichen Dank dafür.

Ohne die wunderbare und professionelle Unterstützung von Clare Rogers und Esther Middeler hätte ich dieses Buch nicht verwirklichen können – ihr seid mir Hilfe und Inspiration und inzwischen auch meine Freundinnen.

Ein prophetisches Wort ist wahr geworden – vielen Dank an meine Fotografin Kelly Craig, die mein Innerstes in dem wunderbaren Bild auf der Rückseite dieses Buches festhalten konnte. (Kelly Craig Photography; KCP) www.kellycraigphotography.com

Und zum Schluss eine dicke Umarmung für all die Frauen, die meine Arbeit im Prozess des Entstehens begutachtet haben. Besonderen Dank an Jane Weber-Miller, die auch an mich geglaubt hat, als ich an mir gezweifelt habe.

Über die Autorin

Mandy Muckett ist Engländerin und lebt zusammen mit ihrem Ehemann Keith und den zwei Töchtern Georgia und Sydney seit zwölf Jahren in Basel (Schweiz). Sie gehört zum Leitungsteam von „Saphira", einer Arbeit unter Frauen in Basel, und ist in diesem Rahmen regelmäßig als Rednerin im Einsatz. Bei ihren Vorträgen verwendet sie oft geistliche Aussagen aus ihrem Buch „Du bist wunderschön". Darüber hinaus ist sie als „geistliche Mutter" sehr gefragt und leitet gemeinsam mit ihrem Mann eine „Shabbat"-Hausgruppe. Beide Arbeitszweige gehören zur Oikos International Church, Basel.

Kontakt: Email: mandymuckett@gmail.com
Facebook Page: Mandy Muckett - Author, Twitter Account: @MandyMuckett

Empfehlungen

Mandy ist wie eine beste Freundin: Sie versteht dich, sie kennt die Herausforderungen für eine modern Frau, sie nennt die Dinge beim Namen und ist dabei entwaffnend ehrlich in all ihren Schwächen und mit all ihren ungelösten Fragen. Ganz offen schreibt sie über Gefühle der Leere, Minderwertigkeitskomplexe, Gewichtsprobleme und Beziehungsfragen – und wie sie Freiheit und Antworten gefunden hat in einer persönlichen und lebendigen Gebetsbeziehung mit ihrem Retter, Freund, Vater und Gott. So viel himmlische und lebensnahe Weisheit wird hier angeboten, beim Lesen ist es, als hätte man eine neue kostbare Freundin gewonnen. Dieses Buch gehört in die Handtasche jeder Frau!

Anne Coles | Ihr Mann John und Anne sind Leiter der New Wine Organisation in England, sie ist auch Vorsitzende von New Wine's Women's Ministry – www.new-wine.org

Wer angefangen hat dieses Buch zu lesen, möchte nicht mehr damit aufhören.
Es geht um die wunderbare Reise einer ganz normalen Frau, die so gern etwas Besonderes wäre. Erzählt mit viel Ehrlichkeit, Humor und Lebensweisheit. Ihre Suche nach innerem Frieden führt sie in eine Sackgasse – bis sie den lebendigen Gott findet.
Die Lektüre dieses Buches ist ermutigend und einladend, wie die Autorin möchte man sein wahres Ich finden – geborgen in Gottes unaufhörlicher Liebesgeschichte mit den Menschen, denn Jesus sagt: Ihr werdet die Wahrheit erkennen, und die Wahrheit wird euch frei machen (Johannes 8,32).
Wer aufmerksam liest, wird feststellen, wie Mandys Leben und ihre Beziehung zu Jesus sich immer weiter entwickeln, und wie der Geist der Wahrheit sie in Wahrheit und Gehorsam leitet. Es ist ein Lernprozess, wenn wir wie Jesus werden und in unserer Liebe zu ihm wachsen wollen.
Es berührt mich, wenn ich lese, wie Mandy ihr Hören auf den Heiligen Geist ausrichtet und in welcher Schlichtheit sie die Gegenwart Gottes im Thronsaal erlebt. Gleichzeitig ist es eine lebensnahe Herausforderung an uns, es ihr gleich zu tun. Ihre neu gewonnene Freiheit leuchtet auf und offenbart: Unser Schatz ist noch in tönernen Gefässen, aber wir gehen von Herrlichkeit zu Herrlichkeit.
Dieses kostbare erste Buch möchte vielen Menschen Segen und Ermutigung bringen, das ist mein Wunsch.

Lilo Keller | Zusammen mit ihrem Mann Geri ist Lilo Keller Gründerin der Stiftung Schleife-Arbeit in der Schweiz. Sie ist leidenschaftliche Lobpreisleiterin und Autor des Buches „Prophetische Impulse". www.schleife.de

Inhalt

Einleitung 8

1. So, wie du bist 10

2. Hör mir zu, Liebes 17

3. Er liebt mich, er liebt mich nicht........................... 27

4. Das „Gartenherz" Gottes 39

5. Seht die Lilien 49

6. „Oh, du hast ja ganz schön zugelegt!"................... 59

7. Sein oder nicht sein … 71

8. Genieße den Duft der Rosen 79

9. „Das Leben ist wie eine Schachtel Pralinen …" 93

10. Deine persönliche Einladung 105

Nachwort – Die kleine tanzende Blume 107

Anmerkungen 109

Einleitung

Ich bin eine typisch englische Frau: Abgesehen davon, dass ich wie der Rest der Nation vom Wetter besessen bin, liebe ich es, Koch- und Gartensendungen im Fernsehen anzuschauen. Gern entspanne ich mich für ein paar Stunden, lege die Füße hoch und trinke eine Tasse Kaffee, während ich anderen Leuten dabei zusehe, wie sie Fleisch oder Gemüse marinieren und Kuchen backen oder den Garten umgraben und Unkraut jäten. Und ich liebe es, das Ergebnis all dieser Mühen zu sehen – die perfekte Torte, den perfekten Garten. Das einzige Problem ist: Wenn ich in die reale Welt zurückkehre, dann ist mein eigener Garten trotzdem noch schrecklich farblos und es weht auch kein köstlicher Duft aus der Küche durch mein Haus.

Mein Leben besteht nicht nur aus Kuchen und Gärten, aber dieses Gefühl der Ernüchterung, das mich überkommt, wenn ich den Fernseher ausschalte, steht für einige echte Kämpfe, die ich ausgefochten habe. Ich musste Probleme bewältigen, unter denen viele Frauen leiden. Das Leben kann ein ständiger Kampf mit Selbstannahme und dem Bild vom eigenen Körper sein. Dabei haben viele Frauen das Gefühl, dass sie dem Anspruch der vollkommenen Bilder aus der Werbung nicht gerecht werden. Die neuesten Kosmetikartikel, Accessoires oder Lebensentwürfe versprechen, die Antwort auf unser tiefstes inneres Bedürfnis zu geben – nämlich so, wie wir sind, geliebt und angenommen zu sein.

Warum schreibe ich über diese Kämpfe? Weil ich weiß, dass ich mit meinen Minderwertigkeitsgefühlen und meinem Streben nach scheinbarer Perfektion nicht allein bin. Und weil ich mir sicher bin, dass auch andere Frauen genauso wie ich nach der Anerkennung

anderer Leute streben und Angst haben, zu versagen. Wenn es dir auch so geht, dann sei dir gewiss: Du bist nicht allein. Wir alle haben Freundinnen, die scheinbar alles auf die Reihe kriegen. Doch ich bin überzeugt, dass sich hinter dieser Fassade oft eine Frau verbirgt, die sich genauso allein fühlt wie du.

Es gibt einige wunderbare Wahrheiten, von denen ich dir erzählen möchte – Wahrheiten, die dir helfen werden, dich selbst mit anderen Augen zu sehen. Ich bin selbst noch dabei, diese Wahrheiten in meinem täglichen Leben anzuwenden. Ich schreibe also nicht vom Podest einer Frau herab, die bereits alles auf die Reihe bekommt.

Der folgende Vers fasst meine Motivation für dieses Buch klar und deutlich zusammen:

„Gepriesen sei Gott, der Vater von Jesus Christus, unserem Herrn.
Er ist der Ursprung aller Barmherzigkeit und der Gott, der uns tröstet.
In allen Schwierigkeiten tröstet er uns, damit wir andere trösten
können. Wenn andere Menschen in Schwierigkeiten geraten, können
wir ihnen den gleichen Trost spenden, wie Gott ihn uns geschenkt hat."

2. KORINTHER 1,3-4

KAPITEL 1

So, wie du bist

Mein Name ist Mandy. Ich bin achtundvierzig Jahre alt und seit über fünfundzwanzig Jahren mit Keith verheiratet. Wir haben zwei hübsche Töchter (Georgia, 21, und Sydney, 18), und die letzten zwölf Jahre meines Lebens habe ich mit meiner Familie in der Schweiz gelebt, in einer Kleinstadt namens Muttenz am Rande der Stadt Basel. Geboren und aufgewachsen bin ich in der englischen Kleinstadt Hemel Hempstead, die etwa zweiundvierzig Kilometer nordwestlich von London liegt.

Ich lebe heute so ganz anders, als ich es mir als Kind erträumt habe. Wenn wir ehrlich sind, hatten wir alle Träume davon, was einmal aus uns werden würde. Jedes kleine Mädchen stellt sich das Leben wie ein Märchen vor, „und sie lebten glücklich und zufrieden bis ans Ende ihrer Tage". Doch für die meisten von uns bleibt das tatsächlich nur ein Traum. Unser alltägliches Leben ist so weit von unseren kindlichen Hoffnungen entfernt. Einige von uns empfinden das Erwachsensein in erster Linie als schmerzhaft, ob nun körperlich oder emotional. Andere haben ständig das Gefühl, nicht zu genügen. Unzählige Frauen sind unzufrieden mit ihrem Leben; sie ertragen es nur, statt sich daran zu freuen, und erleben eine spirituelle Leere. Sieht so dein Leben aus? Auf mein Leben traf das schon einmal zu.

Soweit ich mich erinnern kann, hatte ich eine glückliche Kindheit. Doch selbst damals spürte ich, dass mir etwas fehlte – etwas, das ich nicht näher definieren konnte. Ich fühlte mich einfach unvollständig. Ich wuchs in einer Zeit auf, in der Gott nicht so umstritten war wie heute. In den Grundschulen gab es zu jener Zeit noch Gottesdienste, bei denen die Menschen beteten und Kirchenlieder sangen. Es war normal, dass es zum Erntedankfest ein Theaterstück und zu Weihnachten ein Krippenspiel gab. Ich wuchs zwar nicht in einer Familie auf, die eine persönliche Beziehung zu Gott hatte, und ich kannte auch niemanden, der zur Kirche ging, aber irgendwie glaubte ich doch an Gott. Ich war mir nicht sicher, was sich hinter diesem großen Wort verbarg, aber trotzdem glaubte ich an seine Existenz, wer auch immer er sein mochte.

Im Rückblick sehe ich deutlich, dass Gott an bestimmten Punkten versuchte, mich zu sich zu ziehen, aber ich schlug diese Einladung jedes Mal aus. Ich erinnere mich an Gottesdienste, an denen ich im Rahmen der christlichen Pfadfinderinnen teilnahm. Als ich damals die Kirche betrat, spürte ich etwas – da war etwas, das größer war als ich, eine Gegenwart, die irgendwie tröstlich war. Zu Beginn der Pubertät kam ich kurz in Kontakt mit einer Gruppe junger Christen. Bei uns im Ort fand eine „Zeltversammlung" statt. Auch ich erhielt eine Einladung, blieb jedoch vor dem Eingang des Zeltes stehen und wagte nicht, hineinzugehen – ich hatte einfach nicht das Gefühl, dass ich dort hingehörte. Ich war zwar tief in meinem Herz ergriffen, wenn wir als Familie am Weihnachtsabend den Gottesdienst besuchten, doch ich traute mich nicht, dem sehnsüchtigen Verlangen meiner Seele auf den Grund zu gehen.

Schon immer hatte ich große Ziele für mein Leben. Woher sie kamen, weiß ich nicht, aber sie waren zweifellos da. Ich hätte mir nie träumen lassen, dass ich einmal einen großen, gut aussehenden dunkelhäutigen Mann namens Keith treffen, ihn heiraten und mich dann in ihn verlieben würde (ja, genau in dieser Reihenfolge). Auch Keith hatte so seine Erwartungen. Er hatte davon geträumt, eine große Blondine mit langen Beinen zu heiraten. Drei Mal darfst du raten – ich bin das genaue Gegenteil!

Die Jahre vergingen und unser Leben als Ehepaar verlief sehr normal. Wir arbeiteten an unserer beruflichen Karriere, zogen ein paar Mal um und bekamen zwei hübsche kleine Mädchen. Als Keith befördert wurde, ließen wir seine Heimatstadt hinter uns und suchten uns ein Haus in Swindon im Westen Englands. Mein Leben verlief nach Plan. Wir hatten ein großes Haus. Mein Mann war nicht nur gut aussehend, er war auch noch beruflich erfolgreich. In unserer Einfahrt stand ein nigelnagelneuer Mercedes und alles schien so weit perfekt zu sein. Dennoch spürte ich in mir diese Leere, die sich einfach nicht ausfüllen ließ, egal, was ich auch versuchte.

Während dieser Zeit lief auf BBC eine Sitcom namens *Keeping Up Appearances (Mehr Schein als Sein)*. Es war eine meiner Lieblingsserien. Im Mittelpunkt der Handlung stand eine ältere Frau namens Hyacinth Bucket (von ihr wie „Bouquet" ausgesprochen). In jeder

Episode versuchte diese Frau, ihren Mitmenschen zu beweisen, dass sie besser war als sie. Für Leute, die sie beeindrucken oder manipulieren wollte, veranstaltete sie ein Candle-Light-Dinner. Ihr Leben war geprägt von Materialismus, elitärem Denken und dem Versuch, erhaben zu wirken. Aber es waren nur Versuche, denn immer wieder lief alles schrecklich schief, ganz egal, wie sehr sie auch versuchte, alles unter Kontrolle zu halten – es war absolut köstlich!

Leider entwickelte sich mein Leben bald zu einer realen Version von *Mehr Schein als Sein*. Ich weiß noch, wie ich mir am Anfang unserer Beziehung darüber Gedanken machte, wie es wäre, wenn Keith um meine Hand anhalten würde. Vor meiner Heirat hieß ich mit Nachnamen „Pass", was mir als Kind einige unerfreuliche Spitznamen auf dem Spielplatz einbrachte[1], und ich hatte davon geträumt, einen Mann mit einem kultivierten Nachnamen zu heiraten. Nicht „Muckett"! Mandy Muckett – sollte das ein Scherz sein?! Leider nicht – so sah meine Realität aus. Ich war Mandy Muckett, oder „Moo-kay", wie ich mich auch selbst in Anlehnung an meine Serienheldin hätte nennen können; die fleischgewordene Hyacinth Bucket. Ich war herrisch und selbstsüchtig, und mein Verhältnis zu unserer Wohnungseinrichtung glich schon fast einer Zwangsstörung. Ich war fest davon überzeugt, dass ich mich auf dem besten Weg zu einem Nervenzusammenbruch oder einer Scheidung befand, oder vielleicht auch zu beidem. Schließlich stand ich kurz vor einer emotionalen Krise.

Was mir so zu schaffen machte, war die wachsende Spannung zwischen dem, wie ich wirklich über mich selbst dachte (was ich gut vor dem Rest der Welt verbarg), und dem Bild, das die Leute von mir haben sollten. Da ich mich selbst für nicht besonders hübsch hielt und mich eher durchschnittlich fand, konnte ich mich nicht über mein Aussehen definieren. Daher verband ich meine Identität untrennbar mit unserem materiellen Besitz, und meine ängstliche Grundeinstellung äußerte sich in einem starken Kontrollzwang – ich kontrollierte mich selbst und mein Umfeld. Ich investierte sehr viel Zeit und Kraft darin, möglichst viel zu besitzen. Natürlich kam bei mir nur die angesagteste Deko auf den Tisch. Auch meine Kinder liefen nur in den modernsten Klamotten der teuersten Läden herum. Verzweifelt sehnte ich mich nach Annahme, und wenn ich sie schon nicht durch mein Aussehen erhalten konnte, dann doch mit dem, was ich besaß. Ein echtes Selbstwertgefühl hatte ich deshalb trotzdem nicht. Was die Beziehung zu meinem Mann anging – nun, ich war sehr egoistisch. Oft scherzte ich, dass mein Eheversprechen eigentlich hätte lauten müssen: „Was dein ist, ist mein, und was mein ist, bleibt *meins*." Ich neigte schnell zu Eifersucht, wenn andere Frauen Interesse an Keith zeigten – ich sagte dann zwar nichts, aber es war mir doch anzumerken. Meiner Meinung nach war nicht die Frage, *ob* Keith sich auf eine Affäre einlassen würde, sondern nur, *wann* es so weit sein würde.

Nach unserem Umzug nach Swindon dachte ich, es wäre eine gute Idee, mir mal den Ort näher anzusehen. Ich ging in die kleine Ortsbücherei und landete in der Esoterikecke.

Obwohl ich nicht gerade eine Leseratte bin, nahm ich ein Buch über Feng-Shui zur Hand. Es sprach mich an, weil ich darin einen weiteren Weg sah, wie ich mein Umfeld kontrollieren konnte, insbesondere die Einrichtung meines Zuhauses. Ungefähr zur gleichen Zeit entschloss ich mich dazu, mich ehrenamtlich zu engagieren, während meine Töchter in der Schule bzw. im Kindergarten waren – zweifellos eine noble Absicht. Dafür würde ich sicher noch mehr „Fleißsternchen" bekommen! Da ich als Verwaltungsangestellte beim Gericht arbeitete, wollte ich mein Wissen nutzen und mich ehrenamtlich in der Zeugenunterstützung engagieren, die am Strafgerichtshof tätig ist. So konnte ich noch mehr Punkte auf der To-do-Liste meines Lebens abhaken. Ich entdeckte meine spirituelle Seite *und* engagierte mich zum Wohl der Allgemeinheit – und schon sah ich mich selbst in einem viel besseren Licht.

Doch leider hielt dieses Gefühl der Zufriedenheit nicht lange an. Mein kurzer Abstecher in die Feng-Shui-Theorie endete damit, dass ich das Buch quer durch das Zimmer warf! Darin hieß es, wenn meine Toilette nicht in eine bestimmte Richtung zeigte, wäre ein Leben in Armut mein Schicksal. Was für ein Unsinn! Sollte ich wirklich der Ausrichtung einer Toilette die Macht geben, über die weitere Entwicklung meines Lebens bestimmen zu dürfen? Auf keinen Fall! Es war einer dieser *Heureka*-Momente, wie der alte griechische Gelehrte Archimedes ihn erlebt hatte, als er beim Einsteigen in seine Badewanne eine wissenschaftliche Entdeckung machte – nur dass es in meinem Fall keine Badewanne, sondern eine Toilette war, die zu mir sprach!

Über das Ehrenamt kam ich in Kontakt mit einer tollen Frau namens Sylvia Hetherington, die bald zu meiner Freundin wurde. Ich erzählte ihr die Geschichte mit der Toilette, worüber wir beide sehr lachen mussten. Wir waren uns einig, dass das Feng-Shui-Buch ruhig wieder in das Regal der Bücherei wandern durfte. Als ich es zurückbrachte, landete ich in der Nachbarecke. Dort standen einige wenige Bücher zum Thema Religion, und ich sah mir die Buchtitel dort an.

„Buddhismus." *Nein*, dachte ich, *kein fernöstlicher Kram mehr*. „Islam." Auch hier verspürte ich nicht das Verlangen, mich näher damit zu befassen, wer Mohammed gewesen war. Dann fiel mein Blick auf ein kleines Buch mit dem Titel „Eine kurze Einführung in den christlichen Glauben". *Nun ja,* dachte ich, *darüber weiß ich schon ein bisschen. Da war doch was mit dem Jesusbaby und den Ostereiern.* Es interessierte mich, also nahm ich es mit nach Hause und las es. Manches hatte ich bereits gehört, aber das meiste noch nicht – auch wenn ich ehrlich sagen muss, dass ich mir damals nicht sicher war, ob das Christentum wirklich etwas für mich war. Ich erzählte meiner neuen Freundin Sylvia, dass ich wieder in der Bücherei gewesen war und mir diesmal ein Buch über den christlichen Glauben ausgeliehen hatte.

Daraufhin erzählte sie mir, dass sie die Frau eines Pfarrers war, und lud mich zu sich in den Gottesdienst ein. Ich nahm ihre Einladung an, einmal mit in die Kirche zu kommen, die ihr Mann leitete. Es stellte sich heraus, dass es sich dabei um die anglikanische Kirche gleich bei mir um die Ecke handelte. Okay, dachte ich, *nun kann ich einen weiteren Punkt auf meiner To-do-Liste abhaken – für „Spiritualität" gibt es nun ein richtiges Häkchen!* Ich ging gern zur Kirche und liebte das Gemeinschaftsgefühl, das ich dort empfand. Von nun an nahm ich regelmäßig meine Töchter mit, während Keith sonntagmorgens zu Hause blieb und die Zeitung las. Was war ich doch für eine gute Mutter!

Wirklich? Als junge Mutter fehlte mir jegliches Selbstvertrauen. Ich wusste, dass ich gut organisieren konnte, aber wenn es um die Erziehung ging, fühlte ich mich völlig überfordert und unzureichend. In erster Linie kümmerte ich mich darum, dass meine Mädchen sauber und ordentlich angezogen waren. Ich hatte keine Ahnung, wie ich mit meinen Kindern spielen oder mich an ihnen freuen sollte. Sie waren einfach nur ein Teil meines Lebens, um den ich mich kümmern und den ich in Ordnung halten musste.

Im Laufe der Zeit nahm ich mehr und mehr am Leben dieser kleinen Ortsgemeinde teil. Ich knüpfte Freundschaften und ging öfter zu kirchlichen Veranstaltungen. Eines Tages lud Sylvia mich zu einem Alpha-Kurs ein, einem zehnwöchigen Grundlagenkurs über den christlichen Glauben. *Ja*, dachte ich, *das klingt ganz interessant.* So begann meine Reise – auf der ich mich bis heute befinde.

Für mich war dieser Kurs ein hochemotionales Erlebnis. Neben dem bequemen Stuhl, auf dem ich von nun an jeden Donnerstagabend saß, lagen bald ständig Taschentücherpackungen. Etwa nach der Hälfte des Kurses fand ein eintägiges Seminar statt, bei dem wir uns ausführlich mit dem Heiligen Geist beschäftigten. An diesem Tag wurde mir zum ersten Mal angeboten, dass eine andere Person für mich ganz persönlich beten könnte. Ich nahm das Angebot gern an und weinte mir dabei die Augen aus. (Inzwischen hatte sich meine Kleingruppe an meine vielen Tränen gewöhnt.) Als ich an jenem Abend nach Hause kam, sprach ich laut ein vorformuliertes Gebet und lud Jesus in mein Leben ein.

Ich erhoffte mir sehr viel von diesem Schritt und erwartete, dass sich der Himmel über mir öffnen und die Hand Gottes erscheinen würde. Falls du dich fragst, ob das so geschehen ist – leider nicht. Zunächst war ich enttäuscht und dann machte ich mir Sorgen, dass ich das Gebet vielleicht nicht richtig gesprochen hätte. Da ich überhaupt nichts spürte, musste ich wohl etwas falsch gemacht haben. Ich war niedergeschlagen, schämte mich gleichzeitig und war völlig verwirrt. Von diesem peinlichen ersten Erlebnis im Glauben erzählte ich vorerst niemandem, und so ging das Leben weiter.

Ein paar Wochen später, an einem Dienstag, befand ich mich wieder mal mitten in einem Gefühlschaos. Wie ich bereits erwähnte, war ich so besessen von einem aufgeräumten und sauberen Zuhause, dass mir nichts anderes wichtiger war, auch nicht, Zeit mit meinen Kindern zu verbringen. Als ich sah, wie die vier Jahre alte Sydney fröhlich die Treppenstufen hinunterhüpfte und in ihrer Hand einen Beutel mit drei Porzellanbären hin- und herschwang, explodierte ich. Die Bären waren ein Geschenk zur Taufe gewesen und standen sonst ordentlich in einer Reihe auf dem Regal in ihrem tadellos aufgeräumten Zimmer.

Wütend entriss ich ihr den Beutel, schimpfte mit ihr, weil sie so unachtsam gewesen war, und stampfte nach oben, um die Bären wieder an Ort und Stelle zu bringen.

Während ich sie an ihren Platz zurückstellte, überkam mich auf einmal der Drang, sie mir näher anzusehen. Ich setzte die zwei kleineren Bären wieder ins Regal, aber den dritten konnte ich nicht dazu stellen. Ich stand einfach nur da und starrte auf diesen Porzellanbären. Schließlich drehte ich ihn um, und was ich dann sah, brachte mich völlig aus der Fassung. Auf dem Boden des Bären stand in großen schwarzen Buchstaben:

„Mandy, ich liebe dich, so wie du bist!"

Ich war so erschüttert, dass ich den Bären fast fallen gelassen hätte. Die Worte schienen mich förmlich anzuspringen und gingen mir direkt ins Herz. Ich konnte nicht glauben, was ich da gelesen hatte, also sah ich auch auf den Böden der anderen Bären nach. Auf ihnen fanden sich ebenfalls aufgedruckte Worte, aber die Nettigkeiten darauf sprachen mich nicht so an wie die Worte auf dem ersten Bären. Es war, als würde Gott direkt zu meinem tiefsten Inneren sprechen. Um ehrlich zu sein, war ich so erschrocken, dass ich den Bären sofort an seinen Platz zurückstellte und das Zimmer fluchtartig verließ. Da ich nicht wusste, wie ich mit diesem Erlebnis umgehen sollte, versuchte ich, es zu ignorieren und mich wieder meinem Alltag zu widmen.

Am darauffolgenden Donnerstag hatte ich dieses Erlebnis bereits tief in meinem Gedächtnis vergraben. Erneut kämpfte ich mit einer starken Unsicherheit. Ich hatte das Gefühl, als Mutter völlig zu versagen. Daher entschloss ich mich, meinen Töchtern eine Gutenachtgeschichte vorzulesen – was ich normalerweise nicht tat, aber da gute Mütter ihren Kindern ja Gutenachtgeschichten vorlasen, wollte ich das nun auch machen. Aber was sollte ich ihnen bloß vorlesen? Mein Blick fiel auf ein Buch mit biblischen Geschichten für Kinder, das meine älteste Tochter Georgia zur Taufe geschenkt bekommen hatte. Ich kannte nur sehr wenige Geschichten aus der Bibel, aber irgendwie sprach mich eine mit dem Titel „Die zwei Schwestern" an.[2] Darin ging es um Maria und Marta, die Jesus auf sehr unterschiedliche Weise begegneten. Maria war die Schwester, die ihre Zeit damit verbrachte, einfach zu den Füßen von Jesus zu sitzen und ihm zuzuhören. Marta ging es jedoch mehr um den Rahmen des Treffens, und sie war vollauf damit beschäftigt, sich um das Drumherum zu kümmern, anstatt Zeit mit ihrem Gast zu verbringen.

In der Geschichte sagt Jesus zu ihr: „Meine liebe Marta, du sorgst dich um so viele Kleinigkeiten! Im Grunde ist doch nur eines wirklich wichtig. Maria hat erkannt, was das ist – und ich werde es ihr nicht nehmen."

Als ich die Worte „Meine liebe Marta" las, hörte ich, wie Jesus zu mir sagte: „Meine liebe Mandy". In diesem Augenblick wurde etwas in mir wach; ein kleiner Funken Leben glomm dort auf, wo zuvor nur Kälte geherrscht hatte. Ich hatte Gottes Stimme gehört! Diese Worte ließ ich tief in mein Herz und meine Seele sinken. Gott war da, er war real, er war lebendig, und er hatte gerade zu mir gesprochen! Ich war sprachlos (und diejenigen, die mich kennen, wissen, dass das wirklich etwas zu heißen hat!). In diesem Moment veränderte sich mein Leben – ich hatte Jesus gehört und glaubte jetzt an ihn. Nun war ich in der Lage, die Worte anzunehmen, die auf dem kleinen Bären gestanden hatten: Gott liebte mich!

Wenn du an jenem Abend auch auf den Straßen von West Swindon unterwegs warst, ist dir vielleicht ein roter Blitz entgegengekommen. Das war mein kleiner Ford Fiesta. In rasender Eile hatte ich Sydney im Auto verstaut und anschließend herzlich wenig auf Geschwindigkeitsbeschränkungen geachtet, als ich zum Pfarrhaus düste. Ich wollte Sylvia unbedingt erzählen, was gerade passiert war. Sylvia und ihr Mann Andrew waren zunächst scheinbar etwas belustigt und fragten mich, um was für einen Notfall es sich denn handeln würde. Nachdem ich mich beruhigt und alles erzählt hatte, feierten sie liebevoll mit mir, dass ich ein Teil der Familie Gottes geworden war.

Und was war in der Zwischenzeit mit Keith geschehen? Er wurde eifersüchtig auf diesen „neuen Mann" in meinem Leben. Keith war daran gewöhnt, in unserer Ehe an zweiter Stelle zu stehen, da ich für gewöhnlich mich an die erste setzte, aber er war nicht besonders begeistert, dass es von nun an heißen würde: Jesus zuerst, dann Mandy und dann als drittes erst Keith! Doch schon bald sah er, wie ich mich veränderte, und nachdem er sich vergewissert hatte, dass ich mich keiner Sekte angeschlossen hatte, kam er mit uns zur Gemeinde. Sechs Monate später hatte er selbst an einem Alpha-Kurs teilgenommen und Jesus in sein Leben eingeladen.

Seitdem ich vor all diesen Jahren die Worte von Jesus gehört habe, lebe ich mein Leben im Vertrauen auf ihn. Es ist bisher wirklich eine abenteuerliche Reise gewesen: Ich habe die höchsten Gipfel erklommen, bin durch die dunkelsten Täler gegangen und habe eine Reihe von Umwegen gemacht. Oft bin ich gestolpert und hingefallen, doch der Heilige Geist hat mir immer wieder geholfen, aufzustehen. Es stimmt nicht, dass der Glaube lediglich eine Krücke für Schwache ist – ein Leben im Vertrauen auf Jesus ist der schwerere Weg, nicht der leichtere, besonders in unserer heutigen humanistischen Gesellschaft. Die Herausforderungen dieser sogenannten Nachfolge von Jesus verändern mich. Dieses neue Leben lohnt sich trotz all des Widerstands, der mir begegnet, und ich schäme mich nicht, mich selbst Christin zu nennen.

     Wenn du es nun kaum erwarten kannst, deine persönliche Einladung zu einer Beziehung mit Gott anzunehmen, und zwar durch den Glauben an Jesus, dann warte nicht länger. Blättere einfach schon zum Ende dieses Buches vor und mach den ersten Schritt. Sprich von Herzen das schlichte Gebet nach, das du dort findest. Mehr musst du nicht tun!

KAPITEL 2

Hör mir zu, Liebes

Kennst du das Jazzlied *Listen Love* (*Hör mir zu, Liebes*) von Jon Lucien (Mercury Music, 1991)? Es gehört zu meinen Lieblingsliedern und ich kann dir daher nur ans Herz legen, dass du es dir bei Gelegenheit mal anhörst. Lange bevor ich zum ersten Mal eine Bibel in die Hand nahm, hat mir der Liedtext klargemacht, dass wir göttliche Liebe brauchen. Obwohl es eigentlich ein Liebeslied ist, könnten diese Worte auch fast an Gott gerichtet sein. Daran muss ich gerade denken, weil es doch auch so ist, als würde Gott seine Arme nach uns ausstrecken und sagen: „Hör mir zu, Liebes."

Vielleicht hast du schon mal gehört, dass die Bibel Gottes Liebesbrief an uns ist. Die Bibel ist eine Sammlung von sechsundsechzig Büchern, die von vielen verschiedenen Menschen geschrieben wurden. Jeder von ihnen wurde dabei vom Heiligen Geist inspiriert. Darunter finden sich Bücher ganz unterschiedlichen Genres, zum Beispiel historische Berichte, Gesetzestexte, Gedichte, Lieder, Weisheitssprüche, Lehre, Augenzeugenberichte,

Gleichnisse, Briefe und Prophetien. In der Bibel lebt der Atem Gottes, der in einem Buch eine ganze Bibliothek lebendig werden lässt. Es ist weltweit ein unangefochtener Bestseller. All die unterschiedlichen Texte sollen den Leser zum Autor führen, und zwar zur eigentlichen Quelle der Liebe: Gott.

Ich habe in meinem Leben nur einen einzigen Liebesbrief erhalten, nämlich von Keith, und er wird mir immer sehr kostbar sein. Er schrieb ihn, als wir noch nicht verheiratet waren und gerade eine schwierige Phase in unserer Beziehung durchmachten. Damals hörte ich nicht wirklich auf die Stimme seines Herzens. Die meisten Menschen denken, Liebesbriefe seien schnulzig und voller Herzchen. Keiths Liebesbrief an mich war zwar teilweise romantisch, aber er konfrontierte mich auch mit meinem Verhalten ihm gegenüber. Darin schrieb er, dass er sich danach sehnte, für die Liebe, die er mir so reichlich schenkte, auch zurückgeliebt zu werden. In gewisser Weise ist die Bibel der Ausdruck eines sehr ähnlichen Verlangens von Gott.

Gott ist der Inbegriff der Kommunikation, und in der Bibel finden sich viele Arten, wie er auf sich aufmerksam gemacht hat: von der Schöpfung (vgl. 1. Mose 1) über einen Sturm (vgl. Hiob 38,1), einem leisen Säuseln (vgl. 1. Könige 19,12), Träume und Visionen (vgl. 1. Mose 37,1-11) bis hin zu einer Eselin (vgl. 4. Mose 22,28)!

Wenn Gott also spricht und zu uns sagt: „Hör mir zu, Liebes", hören wir dann zu? Wie können wir ihn überhaupt zu uns sprechen hören? Ich möchte in diesem Kapitel unsere Fähigkeit, mit Gott zu kommunizieren, näher untersuchen – diese geheimnisvolle und wunderbare Kommunikationsform, die sich Gebet nennt. Dabei erzähle ich dir von einigen meiner Erfahrungen und möchte dir damit Mut machen, dass du dieses unglaubliche Privileg für dich selbst in Anspruch nimmst.

Wie ein Kind sein

Gott zu hören ist nicht schwer – wir glauben nur oft, dass es so ist. Selbst die schüchternsten Kinder werden durch den Titel, den Beruf oder den gesellschaftlichen Status eines Menschen nicht davon abgeschreckt, mit dieser Person zu sprechen; sie haben noch nicht solche vorgefassten Meinungen wie wir Erwachsenen. Sie sehen die Menschen so, wie sie sind, und ich glaube, das entspricht der Art, wie wir laut Jesus sein sollten: „Ich versichere euch: Wer nicht wie ein Kind glaubt, wird nicht ins Reich Gottes kommen" (Lukas 18,17). Dem König zuzuhören, ist in seinem Königreich ganz normal.

Vielleicht fällt es Menschen, die gerade erst Christen geworden sind, deshalb so leicht, mit Gott in Verbindung zu treten; für sie ist es etwas ganz Natürliches. Kurz nachdem ich Jesus in mein Leben eingeladen hatte, hörte ich Gott oft zu mir sprechen, aber ich dachte nicht, dass man das als Gebet bezeichnen würde. Ein „formelles" Gebet zu sprechen, fiel mir sehr schwer, aber wenn ich mich nicht auf das konzentrierte, was ich meiner Meinung nach sagen musste, hörte ich Jesus klar und deutlich zu mir sprechen. Mir fällt da besonders ein Beispiel ein, das aus der Zeit stammt, als wir als Familie von England in die Schweiz zogen und dort ein neues Leben beginnen wollten.

Zu jener Zeit waren wir Mitglieder in der Gemeinde *Vine Christian Fellowship* in Midhurst, West Sussex. Mittwochs nahmen wir immer an einem Hauskreis teil, und dieses Mal waren wir früh dran. Während Keith und ich im Wohnzimmer von David und Christine Nickels saßen und einen Kaffee tranken, bevor der Rest unserer Truppe auftauchte, hörte ich auf einmal Jesus zu mir sprechen. Es war so, als stünde er direkt hinter mir. Er sagte: „Gib ihnen dein Auto." Ich konnte die Stimme so laut hören, dass ich mich umdrehte, um zu sehen, ob dort jemand stand.

Damals hatte Keith einen Firmenwagen und ich fuhr einen neuen Opel Corsa, der mir sehr wichtig war. Während des Hauskreises dachte ich über das nach, was ich gehört hatte. Ich sollte mein Auto weggeben? *Ganz sicher nicht*, sagte meine materialistische Seite. *Vielleicht verkaufen*. Dann könnte ich ihnen einen Teil des Geldes geben. Was sollte schließlich eine Familie mit zwei groß gewachsenen Söhnen im Teenageralter mit meinem kleinen Wagen anfangen? Sie bräuchten doch sicher ein größeres Auto. Als wir nach dem Hauskreis zu unserem Wagen gingen, hatte ich den Eindruck, ich sollte Keith davon erzählen. Als ich es tat, blieb Keith wie angewurzelt stehen und fing an zu lachen.

„Warum lachst du?", fragte ich.

Keith drehte sich zu mir und sagte: „Ja, Mandy, das hat Gott mir auch gesagt. Ich bin nur so überrascht, dass du mir davon erzählt hast!"

Also schenkten wir eine Woche, bevor wir England verließen, dieser Familie das Auto. Sie waren äußerst überrascht. Wir mussten alle weinen – was für ein Segen war es, dass Gott uns an seinem Wirken beteiligte. Ohne dass wir davon wussten, hatte Christine inbrünstig für ein Auto gebetet. Obwohl ihr Sohn ihr ständig sagte, Gott schenke Menschen nicht einfach Autos, vertraute sie darauf, dass Gott ihnen geben würde, was sie brauchten. So wurde nicht nur das Gebet einer Mutter beantwortet, sondern auch ihr Glaube an einen großzügigen, fürsorglichen, praktisch erfahrbaren Gott bestätigt – vor den Augen ihres Sohnes, der zuvor der Meinung gewesen war, dass Gott einem nur alte und abgelegte Sachen gab. Jesus erhielt die Ehre, die er verdiente, als dieser Teenager jedem erzählte, dass Jesus ihnen dieses Auto geschenkt hatte.[3]

So wie auch Kinder wachsen und ihre sprachlichen Fähigkeiten weiterentwickeln, wachsen wir in unserer Fähigkeit, Gott zu hören. Wenn wir mit kleinen Kindern Verstecken spielen, machen wir es ihnen nicht schwer, uns zu finden, damit sie sich nicht verlassen fühlen und Angst bekommen. Wir verstecken uns in der Nähe und freuen uns darauf, entdeckt zu werden. Wenn unsere Kinder uns dann entdecken, freuen wir uns mit ihnen. Meiner Erfahrung nach ist Gott genauso. Er liebt es, wenn wir nach ihm suchen, und er macht es uns auch nicht schwer, ihn zu finden.

Spielt man jedoch das gleiche Spiel mit einem älteren Kind, wird es ihm schnell langweilig, wenn man sich leicht finden lässt. Ich glaube, wenn wir in unserer Fähigkeit wachsen, Gott zu hören, macht er das „Versteckspiel" für uns auch interessanter. Die Art, wie wir ihn hören, kann sich von kindlichem Geplapper hin zu einem anspruchsvollen und komplexen Gespräch entwickeln. Sei also nicht entmutigt, wenn du Gott nicht so hörst, wie es früher einmal war. Es kann sein, dass er das „Spiel" einfach interessanter macht und dich lockt, ihn auf eine neue Weise zu suchen. Sei dir sicher – er wartet in seinem „Versteck" schon darauf, dass du ihn entdeckst und er sich mit dir darüber freuen kann. Das zeigt uns auch der Vers Jesaja 55,6: „Sucht den Herrn, solange er sich finden lässt. Ruft zu ihm, solange er nahe ist."

Als ich noch nicht so lange Christ war, las ich nur vereinzelt in der Bibel und glaubte, dass mich das davon abhielt, mit Gott zu kommunizieren. Ich wusste, dass ich Gott zu meinem Herzen hatte sprechen hören, aber mein Alltag sah ganz anders aus. Ich ging zu den Gottesdiensten, hörte den Predigten zu und sang Lieder, aber das geschah immer nur gemeinsam mit anderen – es war nichts Persönliches. Daher kam ich zu der Auffassung, dass ich anscheinend nicht besonders gut im Beten war. Offenbar vertraute ich Gott noch nicht genug, war ihm nicht treu genug oder ich kannte mich noch nicht genug aus. Die laut gesprochenen Gebete anderer Leute enthielten lauter Worte und Ausdrücke, die ich nicht kannte – es ging um „binden" und „lösen", den Kampf mit unsichtbaren Mächten und vor allem war es oft ziemlich laut –, oder aber sie waren besonders aufrichtig und voller Lobpreis und Anbetung. Die Gebete in meinem eigenen Kopf sahen mehr aus wie eine Einkaufsliste und nicht wie eine Unterhaltung mit dem Schöpfer des Universums! Ich kam mir daher gelinde gesagt sehr unzulänglich vor und war wirklich gefrustet.

Doch glücklicherweise stolperte ich über einige Hilfsmittel, mit denen ich diese geheimnisvolle Sache namens Gebet näher entdecken konnte. Diese Hilfsmittel haben meine Wahrnehmung völlig verändert. Was mir am meisten geholfen hat, ist ein Gebetstagebuch.

Tagebuch schreiben

Auf meiner religiösen Entdeckungsreise hatte ich nach verschiedenen Wegen Ausschau gehalten, wie ich mit dem Spirituellen in Verbindung treten könnte. Bevor ich Christ wurde, sah ich mir sehr gern die US-amerikanische Oprah-Winfrey-Show an. Abgesehen von den Interviews mit den angesagtesten Stars traten in dieser Sendung auch immer die neuesten „Selbsthilfe-Gurus" auf und gaben ihren Rat weiter. In einer Folge ging es darum, dass man sich in Dankbarkeit üben solle, und die Zuschauer wurden ermutigt, sich ein „Dankbarkeitstagebuch" anzulegen. Das sprach mich sofort an – hieß es doch, dass ich mir ein wunderschönes, in Leder gebundenes Tagebuch kaufen konnte, das mich an meine alte Liebe zu Schreibwaren erinnerte. Ich habe dieses Tagebuch heute noch und es ist nach wie vor eine spannende Lektüre.

Wie bei jedem guten neuen Vorsatz lief es die ersten Wochen sehr gut – ich füllte Seite um Seite mit aufrichtigem Dank. Ich war für alles dankbar, was mir einfiel: für meinen Ehemann, meine Kinder, meine Familie, meine Freunde, mein komfortables Zuhause – als ich damals diese Liste schrieb, schien sie endlos zu sein, und das sogar noch, bevor ich zu den grundlegenden Dingen kam, die wir Menschen im Westen meistens als selbstverständlich ansehen. Doch als aus den Wochen Monate wurden, fand ich es zunehmend schwerer, etwas zum Danken zu finden. Als ich meine späteren Einträge noch einmal las, war ich über den letzten, nur schnell hingekritzelten Eintrag bestürzt: „Heute bin ich dankbar für Kopfschmerztabletten!" War das tatsächlich das einzig Bemerkenswerte an meinem Tag gewesen? Wie traurig. Im Rückblick weiß ich, warum ich beim Tagebuchschreiben stecken blieb. Diese Übung versprach mir eine religiöse Anerkennung, aber etwas fehlte dabei: Mein Dank richtete sich nicht an etwas oder jemanden. Wem dankte ich denn für all die wunderbaren Dinge in meinem Leben?

Glücklicherweise begegnete mir das Tagebuchschreiben wieder, als ich Christ geworden war, aber diesmal als gezielte geistliche Übung. Dafür bin ich sehr dankbar, denn es hat mir sehr dabei geholfen, mit Jesus zu sprechen. Als ich ein Tagebuch zum Beten nutzte, füllte ich die Seiten zunächst mit meinen „Einkaufsliste-Gebeten", doch mit der Zeit öffnete ich mein Herz und fühlte mich frei, meine Gefühle durch das Schreiben auszudrücken. Eine Zeit lang drehten sich die Einträge um all das Leid in meinem Leben – ich badete in Selbstmitleid wegen all dem „Hätte, Sollte, Könnte". Dennoch schrieb ich weiter, in der Gewissheit, dass jemand meinem Unsinn zuhörte. (Ich konnte schon immer reden wie ein Wasserfall.) Es war gut, dass ich mit der Geduld in Person sprach – Jesus.

Inzwischen schreibe ich meine Gebete an Jesus seit über vierzehn Jahren auf, und wenn ich mir die Einträge durchlese, bin ich überwältigt, wie weit er mich schon gebracht hat. Er hat so viele meiner seelischen Wunden geheilt, und meine Gebete klingen mittlerweile nicht mehr so sehr nach einer nur auf mich bezogenen Einkaufsliste, sondern ich bekomme beim Beten mehr und mehr einen Blick dafür, was Jesus sich wünscht. Heute genieße ich es, regelmäßig tiefe Gespräche mit Jesus zu führen, und nenne sie meine „Kaffeepause mit Jesus" – zum einen, weil ich mir bewusst Zeit für ihn nehme, wie ich es auch für meine beste Freundin oder jemanden in meiner Familie tun würde, und zum anderen, weil ich dabei wirklich eine (oder zwei) Tassen Kaffee trinke. Normalerweise schreibe ich morgens in mein Tagebuch, sobald

meine Familie aus dem Haus ist, weil ich weiß, dass ich dann nicht abgelenkt werde. An den meisten Tagen lese ich während dieser Zeit auch in der Bibel, und oft ist es so, dass der Heilige Geist mir dann etwas Bestimmtes zeigt, das er mir vermitteln oder näher erklären möchte. Oft weist er mich dann auf einen bestimmten Vers oder auf ein bestimmtes Wort hin, auf das ich mich konzentrieren soll. Ich empfange auch häufig das, was ich einen Eindruck oder ein Bild nenne: Der Heilige Geist benutzt meine Vorstellungskraft, um mir eine bestimmte Szene vor Augen zu malen. (Vielleicht kann man es noch besser mit einer Reihe von Filmsequenzen beschreiben, die in meinen Gedanken auftauchen.) Ich schreibe auf, was ich „sehe", und das hilft mir zu verstehen, was der Herr mir sagen will.

Warum versuchst du es nicht auch mal mit einem Gebetstagebuch? Nimm dir bewusst jeden Tag Zeit für dich. Vielen scheint das schier unmöglich, aber sieh es so, als würdest du dir selbst ein mehr als verdientes Geschenk machen, und wenn es nur ein paar Minuten sind, in denen du Luft holen und über deinen Tag nachdenken kannst. Nutze deine Tagebucheinträge so, dass du wirklich mit Jesus ins Gespräch kommst, und mache sie nicht zu einem Mülleimer, der dich nur runterzieht. Sei aber auch nicht zu kritisch mit dem, was zu schreibst. Gebrauche das, was du darin ausdrückst, um dir selbst und Gott Fragen zu stellen, und dann nimm dir Zeit, zuzuhören. Du wirst dir dadurch nicht nur immer bewusster, wonach sich dein Herz sehnt, sondern – und das kann ich dir versichern – du wirst anfangen, Gottes herrliche Antwort auf deine Herzenssehnsüchte zu hören.

Hörendes Gebet

Ich habe das „hörende Gebet" durch die Bücher meines lieben amerikanischen Freundes und geistlichen Vaters Dave Olson kennengelernt. Es wird heutzutage von vielen angewandt, um Gottes Stimme für sich ganz persönlich zu hören. Das hörende Gebet ist keine einseitige Kommunikation, sondern eine echte Unterhaltung mit Gott. Ich stehe noch am Anfang, aber ich lerne mit der Zeit, mehr zuzuhören als zu reden. Beinahe hätte ich diesem Kapitel die Überschrift „Schafsohren" gegeben – aber nicht, um dir dann das Rezept für eine Delikatesse aus dem Nahen Osten zu geben, sondern um dich auf die Worte von Jesus hinzuweisen, die wir in Johannes 10,3-5 nachlesen können. Jesus sagt, dass wir als seine Nachfolger – als „seine Schafe" – seine Stimme hören können, von ihr geleitet werden und in der Lage sind, die Stimme des wahren Hirten von der Stimme derer zu unterscheiden, die uns irreführen möchten. Mit der Zeit lernen wir, zwischen der Stimme von Jesus, der Stimme unserer Seele und der Stimme unseres Feindes, Satans, zu unterscheiden. Meiner

Erfahrung mit dem Tagebuchschreiben nach sind die Worte von Jesus immer ermutigend; selbst wenn er mich zurechtweist, sind seine Worte immer liebevoll. Ich habe auch entdeckt, dass Gottes Worte sich für mich anders anfühlen als Worte, die ich selbst oder die andere sagen, oder als meine eigenen inneren Selbstgespräche. Er spricht nicht in irgendeiner altertümlichen Sprache zu mir, aber bei seinen Worten merke ich, dass ich sie so nie formuliert hätte und dass sie nicht aus meinen eigenen Gedanken stammen. Es ist ein fortlaufender Lernprozess, zwischen meinen eigenen „Selbstgesprächen" und Satans Worten zu unterscheiden. Ich erkenne immer klarer: Wenn die Stimme, die ich höre, selbstbezogen ist, spricht hier meine Seele. Das Trügerische an der Stimme des Feindes ist: Wir können sie leicht hören. Doch der Teufel will uns eben täuschen. Seine Worte geben niemals Jesus die Ehre und führen uns auch nicht zu ihm. Vielmehr verurteilen sie uns und wecken Schuldgefühle. Sie wollen dich dazu bringen, dass du dich falsch verhältst und Fehler begehst, und sie führen letztlich zum Tod. Wenn wir dagegen die Stimme von Jesus hören, empfangen wir Freude und Frieden.

Wir alle sind darauf angewiesen, Gottes Stimme und seinen Herzenswunsch für uns zu hören: Er möchte, dass wir von seiner Liebe zu uns erfahren, sie kennenlernen und seinen Plan für unser Leben erkennen. Wie Schafe von der Stimme ihres Hirten geleitet werden, so können auch wir von Gottes Stimme geführt werden. Doch für viele erscheint dies wie ein Buch mit sieben Siegeln, zu dem scheinbar nur wenige, besonders ernsthafte Christen die Schlüssel besitzen. Das ist Unsinn. Bedenke, dass es viele Stimmen gibt, die um unsere Aufmerksamkeit buhlen. Deshalb ist es lebenswichtig, dass wir lernen, auf die Stimme der Wahrheit zu hören – auf Gott. Wenn du also während deiner Gespräche mit Jesus nie gehört hast, was er über dich denkt, möchte ich dir stark ans Herz legen, dass du es mal mit dem „hörenden Gebet" versuchst. Auf Dave Olsons Homepage findest du (in englischer Sprache) weitere Informationen hierüber; es gibt jedoch auch gute Einführungen auf Deutsch.[4]

Ich erinnere mich noch daran, dass ich mir als frisch verheiratete Frau vornahm, nicht so zu enden wie die lang verheirateten Paare, die man in Restaurants zusammensitzen und wortlos ihre Mahlzeiten einnehmen sieht. *Wie schrecklich*, dachte ich, *sie lieben sich wohl nicht mehr*. Doch nun, da ich älter und seit fünfundzwanzig Jahren mit Keith verheiratet bin, sehe ich diese Situation in einem anderen Licht. Ja, die romantische Liebe hat sich verändert, aber die Liebe, die an ihre Stelle getreten ist, hat genug Tiefe, dass Worte nicht immer laut ausgesprochen werden müssen. Genau danach sehne ich mich in meiner Beziehung zu Jesus – ich möchte in seiner Gegenwart sitzen, ohne das Bedürfnis zu verspüren, auch nur ein Wort sagen zu müssen. Doch ich bin da noch nicht angekommen – ich neige nach wie vor dazu, jede Stille zwischen uns mit unnötigem Geplapper zu füllen. Es scheint, als würde Jesus mich zu einer neuen Ebene des „Versteckspiels" führen … 3, 2, 1 … ich komme!

Die himmlische Sprache

In 1. Thessalonicher 5,16-18 heißt es: „Seid immer fröhlich. Hört nicht auf zu beten. Was immer auch geschieht, seid dankbar, denn das ist Gottes Wille für euch, die ihr Christus Jesus gehört." Ich weiß nicht, wie es dir damit geht, aber mein Herz sagt dazu spontan: „Das ist ja wohl nicht möglich! Immer? Was immer auch geschieht? Das schaffe ich einfach nicht." Wie können wir uns also an diese Aufforderung aus dem Thessalonicherbrief halten – auch in unseren schwierigsten Zeiten?

Die Antwort finden wir in Apostelgeschichte 2, wo beschrieben wird, wie die Jünger den ihnen verheißenen Heiligen Geist empfingen. Eine der Auswirkungen war, dass jeder Jünger eine neue Sprache bekam, entweder eine menschliche Sprache, die er zuvor nicht sprechen konnte, oder eine himmlische Sprache. In 1. Korinther 12,7-11 werden die verschiedenen Gaben des Geistes aufgezählt, darunter auch die Gabe, „in anderen Sprachen zu sprechen". Das ist eine erstaunliche Geistesgabe und ich möchte dir Mut machen, Gott darum zu bitten, dass er dir das Verlangen schenkt, sie zu empfangen. Ich selbst kam zum ersten Mal auf einer christlichen Konferenz mit dieser Gabe in Berührung. Zuerst dachten Keith und ich, dass die Tausenden von Menschen bei der Veranstaltung eine Art Massenhysterie erlebten, weil uns die Situation so komisch vorkam. Schon bald erkannten wir jedoch, dass diese Menschen etwas erlebten, das wir nicht hatten. Ihre Gebete wandelten sich nach kurzer Zeit in einen „Sprachengesang", in dem sich all die verschiedenen Stimmen zu dem schönsten Klang verbanden, den ich je gehört hatte. Es wäre untertrieben zu sagen, dass es sich wie der Himmel anhörte.

Auf ziemlich unerwartete Weise kam ich dazu, Gott um diese wunderbare Gabe zu bitten und sie zu empfangen. Keith und ich waren zu einer Veranstaltung der Organisation *Christen im Beruf* eingeladen. Es gab dort ein tolles Abendessen, und ein Unternehmer aus Südamerika hielt einen Vortrag darüber, wie er Jesus kennengelernt hatte. Am Ende des Abends gab es die Möglichkeit, für sich beten zu lassen. Es war spät geworden und wir hatten die Zeit bereits überschritten, die wir mit unserem Babysitter vereinbart hatten. Daher beschlossen wir, uns leise zu verabschieden, sobald Leute nach vorn gingen, um für sich beten zu lassen. Doch Gott hatte etwas anderes vor. Als wir gerade gehen wollten, kam ein liebenswürdiger Mann direkt auf uns zu und bot an, für uns zu beten. Als höfliche Engländer sagten wir Ja und hofften, es würde nicht allzu lange dauern. Nach dem üblichen Austausch von Nettigkeiten fragte der Mann, ob wir die Gabe der Sprachenrede bereits empfangen hätten. Keith sagte sofort „Ja", während ich gleichzeitig etwas schüchtern „Nein" antwortete, denn ich hatte mich zwar danach gesehnt, aber bisher nie getraut, Gott darum zu bitten. Bevor ich wusste, wie mir geschah, hatte Keith schon einen anderen Gebetspartner, und der Mann wollte mir offensichtlich unbedingt dabei helfen, diese Gabe an Ort und Stelle zu empfangen. Ich war so erschrocken, dass ich es nicht über mich brachte, diesem liebenswürdigen Herrn zu sagen, ich hätte eigentlich nicht die Zeit dafür, sondern müsse nach Hause. Es war, als wäre es an diesem Abend seine Bestimmung, mir beim Empfangen dieser Gabe zu helfen.

Viele Menschen haben Angst vor allem, was offenkundig übernatürlich ist. Vielleicht vermeiden wir es, die Gabe der Sprachenrede zu empfangen, weil wir Angst haben, dass man uns für komisch hält. Ich hatte auch ein paar Bedenken, aber ich erinnerte mich an die liebevollen Worte von Jesus: „Wenn ihr [...] wisst, wie man seinen Kindern Gutes tut, wie viel mehr wird euer Vater im Himmel denen, die ihn darum bitten, Gutes tun" (Matthäus 7,9-11). Außerdem erinnerte ich mich an etwas, das Jackie Pullinger, die Autorin von *Licht im Vorhof der Hölle*[5], einmal über das Sprachengebet sagte – dass Gott uns nicht zwingen würde, in anderen Sprachen zu sprechen, sondern dass man anfangen und aufhören könne, wann man wolle.

Wenn du diese Gabe empfangen und gebrauchen willst, musst du sie dir erst erschließen, und das bedeutet, dass du deinen Mund öffnest und zu sprechen beginnst. Und als dieser liebenswürdige, begeisterte Mann für mich betete, war es so, wie Jackie gesagt hatte: Ich wurde einfach nur ermutigt, mit dem Sprechen zu beginnen. Ich merkte, wie ich selbst etwas sagte – keine mir bekannten Worte, sondern einfach nur Laute. Wie ein Baby, das das Sprechen lernt und dabei zunächst sehr zaghaft ist, begann auch ich im Geist mit Gott zu reden. Wenn du diese Gabe für dich selbst erschließen möchtest, dann möchte ich dich dazu ermutigen: Versuch es zunächst mal im privaten Rahmen, zum Beispiel während der Zeit, die du allein mit Gott verbringst, ohne Druck. Mach das Geschenkpapier auf und öffne die Schachtel! Ich verspreche dir, dass deine Gebete danach nie wieder so sein werden wie vorher.

Das Tolle am Sprachengebet ist, dass wir dadurch gestärkt werden (vgl. 1. Korinther 14,4). Meiner Erfahrung nach ist das Beten in anderen Sprachen in äußerst schwierigen und stressigen Zeiten ein enormer Trost. In 1. Korinther 14,2a heißt es: „Denn wem die Gabe geschenkt wird, in anderen Sprachen zu reden, der spricht zu Gott, aber nicht zu Menschen." Das Sprachengebet ist von seinem Wesen her etwas rein Geistliches, bei dem mein Geist mit Gott spricht. Ich kann ihm meine Gefühle ausdrücken, wenn ich selbst keinen klaren Gedanken fassen kann.

Mir fällt dazu ein Beispiel ein: Es war ein schrecklicher Tag, an dem ich kurz mit jemandem telefoniert hatte, der mir sehr nahestand. Diese Person war absolut verzweifelt. Sie glaubte, dass ihr Leben einfach zu hart sei, dass sie zu viele Fehler gemacht habe, dass die Dinge nie so liefen, wie sie es sich wünschte, und sie wollte sich am liebsten das Leben nehmen. Sie beendete das Gespräch abrupt, und als ich versuchte zurückzurufen, konnte ich sie nicht erreichen. In jenem Moment wollte ich beten wie noch nie zuvor in meinem Leben, aber ich konnte einfach keinen klaren Gedanken fassen. Ich fühlte mich vollkommen hilflos. Noch nie war ich so dankbar für die Gabe der Sprachenrede wie in dieser dunklen Stunde. Als ich in der Sprache betete, die Gott mir geschenkt hatte, konnte ich innerlich befreit zu Gott rufen, ohne dabei durch meine Emotionen oder andere Einflüsse behindert zu werden. Römer 8,26 bringt es sehr schön auf den Punkt: „Der Heilige Geist hilft uns in unserer Schwäche. Denn wir wissen ja nicht einmal, worum oder wie wir beten sollen. Doch der Heilige Geist betet für uns mit einem Seufzen, das sich nicht in Worte fassen lässt."[6] Ich bin sehr froh, dass Gott mein Gebet um Hilfe für diese Person erhörte und ich später noch einmal mit ihr sprechen und ihr Trost und Frieden vermitteln konnte.

Ich hoffe, dass dieses Kapitel dir Lust aufs Beten gemacht hat. Gebet ist etwas Wunderbares, und meiner Überzeugung nach wünscht sich Gott, dass du selbst auch erfährst, wie wunderbar es ist. Über dieses Thema sind bereits zahlreiche hilfreiche Bücher geschrieben worden, aber von Jesus stammt das bekannteste Gebet aller Zeiten, das Vaterunser[7]. Schau es dir doch noch einmal an, wenn du das nächste Mal mit Gott sprichst – in seiner Schlichtheit liegt so viel Kraft.

Wenn du zum Beten eine Struktur brauchst, dann nutze doch das ACTS-Modell (benannt nach den englischen Begriffen):

Anbetung („adoration"): Sage Gott, wie sehr du ihn liebst.

Sündenbekenntnis („confession"): Sprich mit Gott über deine Fehler. Bitte ihn um seine Vergebung und empfange sie.

Dank („thanksgiving"): Drücke Gott gegenüber deine Dankbarkeit für all die Dinge in deinem Leben aus, die er dir geschenkt hat.

Bitte („supplication"): Übergib Gott all deine Sorgen und Wünsche.

Also, worauf wartest du noch? Jesus erwartet dich! Komm und rede mit ihm. Du wirst angenehm überrascht sein, was er dir zu sagen hat.

Wenn du dich nach dem Lesen dieses Kapitels danach sehnst, Jesus kennenzulernen und zum ersten Mal seine Stimme zu hören, wäre nun vielleicht die passende Gelegenheit, seine Einladung zu einer Beziehung mit ihm anzunehmen. Blättere einfach zum Ende dieses Buchs, wo du einige einfache Schritte findest, wie du dein neues Leben im Glauben beginnen kannst.

KAPITEL 3

Er liebt mich, er liebt mich nicht

K ennst du noch dieses Spiel? Meine kleine Schwester und ich saßen früher oft im Gras und flochten Kränze und Halsketten aus Gänseblümchen. Wir zupften auch immer wieder nacheinander Blütenblätter von den Gänseblümchen und sagten dabei abwechselnd: „Er liebt mich, er liebt mich nicht." Und das, was man bei dem letzten Blütenblatt sagte, entschied darüber, ob man geliebt wurde – oder eben nicht. Es war nur ein Kinderspiel, aber es hatte auch eine traurige Seite, denn es drückte die sehnsüchtige Frage unserer Seele aus: „Werde ich geliebt?"

Kommt dir das bekannt vor? Es ist eine grausame Wahrheit, dass Millionen Frauen auf der ganzen Welt sich selbst unglücklich machen bei dem Versuch, diese Frage zu beantworten. Selbstzerstörerische Verhaltensweisen und Verletzungen, die wir uns selbst zufügen, sind ein Ausdruck unseres Schreis nach liebevoller Bestätigung.

Die Frage „Werde ich geliebt?" geht viel tiefer, als wir ahnen. Den meisten von uns wurde bereits einmal das Herz gebrochen und so wissen wir, dass die Antwort eindeutig lautet: „Nein, er liebt dich nicht." „Du warst vielleicht einmal gewollt, aber jetzt nicht mehr." Ich erinnere mich daran, wie ich endlose Nächte damit verbrachte, einer verflossenen Liebe hinterherzuweinen. Meine Seele sehnte sich nach seiner Annahme, aber ich wurde immer wieder enttäuscht und abgelehnt. Der Fluch der Frau ist in der Tat das Bedürfnis nach männlicher Bestätigung: „Du wirst dich nach deinem Mann sehnen, doch er wird über dich herrschen" (1. Mose 13b). Eine Situation, in der ich sexuell belästigt wurde, lehrte meine junge Seele auch, wie ein weiblicher Körper von einem Mann für seine eigene Befriedigung benutzt werden kann, ohne dass das irgendetwas mit Liebe zu tun hätte.

Kürzlich hat mein Mann mir all meine Lieblings-„Old-School"-Soul-Platten auf meinen iPod geladen. Seit ich ein junges Mädchen bin, liebe ich diese herzzerreißenden Motown-Songs. Die meisten Liebeslieder beklagen eine verlorene, enttäuschte oder nicht erwiderte Liebe, und diese Lieder wieder zu hören, erinnerte mich sofort an die Zeiten in meinem Leben, in denen ich von der Liebe enttäuscht worden war. Ich war schockiert darüber, was für starke Gefühle diese Lieder erneut in mir wachriefen, obwohl ich heute eine erwachsene Frau bin und seit so vielen Jahren mit einem wundervollen Mann verheiratet bin.

Als ich Jesus kennenlernte und mich in ihn verliebte, fand ich die Liebe eines Mannes, nach der ich mich immer gesehnt hatte – Jesus ist der einzige vollkommene Mann, der mich niemals im Stich lassen wird („Hab keine Angst und verliere nicht den Mut, denn der Herr selbst wird vor dir hergehen. Er wird bei dir sein. Er wird sich nicht von dir zurückziehen und dich nicht im Stich lassen!"; 5. Mose 31,8). Dennoch war ein Teil meines Herzens immer noch zerbrochen und sehnte sich verzweifelt nach Aufmerksamkeit. Jede Frau muss die Worte „Ich liebe dich" von dem ersten Mann in ihrem Leben hören – ihrem Vater. Doch unzählige Frauen haben das nie gehört. Trifft das auch auf dich zu? Obwohl ich Jesus so stark erlebt hatte, geriet ich auf meinem Weg mit ihm ins Stolpern, als der ungelöste emotionale Konflikt mit allem, was mit dem Thema „Vater" zu tun hatte, sich bemerkbar machte.

Ich möchte dir gern erzählen, wie ich auf der christlichen Konferenz New Wine in England entdeckte, dass Gott, der Vater, mich tatsächlich liebt. Eine Woche lang zeltete ich dort mit meiner Familie. Da ich mir wenige Wochen zuvor den Fuß gebrochen hatte, lief ich auf Krücken umher. Zu jenem Zeitpunkt war ich etwa neun Jahre Christ, aber mir war bewusst, dass mir in meiner Beziehung zu Jesus etwas Grundlegendes fehlte. Während der letzten neun Jahre hatte Gott mir in seiner großen Gnade und Barmherzigkeit sehr viel über mich selbst, meine Kindheit und meine prägenden Lebenserfahrungen gezeigt. Meine Eltern trennten sich und ließen sich scheiden, als ich noch ein Baby war. Ich war etwa acht Jahre alt, als mir gesagt wurde, dass der Mann, den ich immer „Dad" genannt hatte, in Wahrheit mein Stiefvater war. Eigentlich war es eine positive Nachricht, denn er wollte mich formal adoptieren und wir hatten eine gute Beziehung. Doch nachdem ich wusste, dass er nicht mein leiblicher Vater war, fühlte es sich an, als stünde etwas zwischen uns. Ich war bereits über zwanzig Jahre alt, als ich meinen leiblichen Vater traf, aber wir konnten keine richtige Beziehung zueinander aufbauen.

Zwischen Gott und mir schien es eine gewisse Distanz zu geben, die ich nicht ausräumen konnte, vielleicht aufgrund meiner Erfahrungen mit Vaterschaft. Ich war getauft worden, hatte eine Bibelschule besucht, hatte erlebt, wie der Heilige Geist mich erfüllte, hatte Gott in anderen Sprachen angebetet und mit ihm geredet. Ich hatte viele gute Predigten gehört und von Gott die Gabe geschenkt bekommen, andere zu ermutigen und zu trösten – dennoch war da diese spürbare Distanz.

Auf der New-Wine-Konferenz verbrachte ich viel Zeit in der „Gebetshütte", einem Ort auf dem Zeltplatz, wo man sich hinsetzen und beten konnte. Ich halte mich selbst nicht für eine besonders eifrige oder begabte Beterin, aber ich wusste, dass Jesus scheinbar immer mit mir sprechen möchte. Bei drei aufeinanderfolgenden Besuchen in der Gebetshütte, wo ich auf Gott hörte und in mein Tagebuch schrieb, was er mir zeigte, nahm er mich mit auf eine Reise, bei der er sich mir als Vater offenbarte. Folgendes schrieb ich an jenen drei Tagen auf:

Eine dreitägige Reise zum Herzen des Vaters

Tagebucheinträge August 2006

Tag 1

Bei meinem ersten Besuch in der Gebetshütte sitze ich in einem großen, bequemen Sessel. Ich versuche, zur Ruhe zu kommen und mich zu konzentrieren, aber es gelingt mir nicht. Also öffne ich meine Augen wieder und schaue mich im Raum um. Er wurde sehr liebevoll und sorgfältig gestaltet, damit der Besucher leicht in Gottes Gegenwart kommen kann. Es ist sehr ruhig. Kerzen brennen. In der Ecke befindet sich ein Kreuz. Brot und Wein für das Abendmahl stehen auf einem kleinen Beistelltisch bereit. Ich kann mich immer noch nicht konzentrieren. Dann scheint mich Jesus auf einmal daran zu erinnern, wie leicht wir in der Vergangenheit miteinander kommuniziert haben. Ich hole also mein Tagebuch heraus und fange an, mich schriftlich mit ihm zu unterhalten.

Beim Schreiben schenkt Gott mir ein Bild. Ich sehe eine weitläufige Landschaft, in der Ferne einen grünen Hügel. Am Fuß des Hügels ist ein altes Tor. Neben dem Tor steht ein Holzkreuz. Auf der anderen Seite des Tores befindet sich ein gewundener Pfad, der den Hügel hinauf zu einem alten Schloss führt. Es sieht aus wie in einem Märchenbuch für Kinder.

In Gedanken begebe ich mich in dieses Bild hinein. Da ich mir ja den Fuß gebrochen habe, benutze ich meine Krücken. Meine Schuld und Scham aus der Vergangenheit drücken mich nieder. Außerhalb des Tores, am Fuß des Kreuzes, begegne ich Jesus – es ist sein Kreuz. Ich lege mich selbst und alles vor ihn hin – meine Krücken, mein ganzes Sein.

Jesus spricht zu mir. „Ich habe eine Einladung für dich."

Er übergibt sie mir – auf dem Umschlag steht in goldenen Buchstaben mein Name: AMANDA (Amanda bedeutet „die Liebenswerte". Das ist mein eigentlicher Vorname.)

In der Einladung heißt es:

> *„Ich habe dich auserwählt, um mit mir zu unserem Vater zu kommen.*
>
> *Keine Abendgarderobe erforderlich; komm einfach so, wie du bist."*

Ich muss weinen.

Jesus ist das Tor und er öffnet sich mir, um mit mir den Weg hinaufzugehen – den Pfad zum Vater, den er selbst immer ging. Der Pfad ist bereits sehr ausgetreten. Er sieht aus wie ein glatter Kieselstein, der seit Ewigkeiten vom Meer überspült wurde.

Ich schaue den Hügel hinauf und denke sofort: Da komme ich nicht hoch! Dann fallen mir die Worte aus Psalm 121,1-2 ein:

„Ich schaue hinauf zu den Bergen – woher wird meine Hilfe kommen?

Meine Hilfe kommt vom Herrn, der Himmel und Erde gemacht hat."

Jesus ist hier bei mir. Er geht mir voraus und zeigt mir den Weg. Er ist neben mir und stützt mich. Er ist hinter mir, sporntt mich an und ermutigt mich, höher zu klettern.

Ich blicke zurück und sehe den Schatten meines alten Ichs: meine Vergangenheit, meine Pläne, meine Hoffnungen, meine Träume, meine Leistungen, mein Versagen, meine Ängste, meine Vorhaben, meinen Stolz, meine Beweggründe, mein Ego, meine Liebe, meinen Hass, meine Gleichgültigkeit, meine Wut, meine Passivität. Sie alle befinden sich weit unter mir und liegen verlassen am Fuß des Kreuzes. Das alte Ich, verlassen. Verlassen von wem? Meinen irdischen Vätern! Verlassen von mir selbst?

Das neue Ich wird meinem richtigen Vater begegnen. Und zwar wieder als Kind – ich bin wieder ein Kind!

Während ich diesen heiligen Hügel hinaufsteige, halte ich vertrauensvoll die Hand von Jesus. Nun schaue ich nach vorne ins Unbekannte. Ich kehre zurück zu einem Zuhause, das ich noch nie kennengelernt habe.

Doch ...

Man kennt mich dort.

Ich bin sein Kind.

Ich bin nach seinem Bild geschaffen.

Ich bin zu seiner Freude geschaffen.

Ich laufe schneller und bin überrascht, dass ich gar nicht außer Puste gerate. Dann sehe ich die Tür – groß und massiv sieht sie aus, Ehrfurcht einflößend und … verschlossen. Ich höre, wie Jesus sagt:

„Niemand kommt zum Vater außer durch mich"

JOHANNES 14,6

Ich weiß, dass mit diesem Satz so viel mehr als nur Erlösung gemeint ist. Es geht darum, unserem Vater zu begegnen.

Ich mache mir keine Sorgen, dass ich nicht an den Türgriff herankomme. Jesus ist bei mir und ich vertraue darauf, dass er die Tür für mich öffnen wird.

Tag 2

Als ich an diesem Morgen zur Gebetshütte gehe, muss ich an den gestrigen Tag mit Jesus denken. In Gedanken jogge ich den Pfad hoch zu der großen Tür. Gestern Abend habe ich darüber nachgedacht, was wohl heute passieren wird – wie neu es für mich sein wird, „unserem Vater" zu begegnen. Ich habe keine Ahnung, was mich erwartet, und das macht mir Angst, denn so habe ich keine Kontrolle über die Situation. Heute entscheide ich mich für einen anderen Platz in der Gebetshütte – ein großes Sofa, ganz für mich allein – und fange dort an zu schreiben.

In Gedanken bete ich: *Herr Jesus, ich nehme deine Hand. Führe mich in die Gegenwart des Vaters.* Mit einer Hand stößt Jesus die große Tür weit auf. Leichtfüßig gleitet sie auf und knarrt dabei nicht einmal. Wie bei einer Tür, die sich automatisch öffnet, hört man nur ein sanftes Zischen. Ich merke, dass ich zögere und Jesus nicht sofort folgen will. *Warum?*, frage ich mich und habe auch schon schnell die Antwort parat: *Ich habe ihm nichts mitgebracht!* Ich komme mir vor wie ein unhöflicher Partygast, der kein Gastgeschenk dabeihat, oder wie ein kleines Mädchen, das gern ein gutes Zeugnis mit nach Hause bringen würde. Zu gern würde ich ein annehmbares Geschenk mitbringen, aber ich habe nichts, das ich geben könnte.

Jesus lächelt mich an. „Dort, wo wir hingehen, brauchst du nichts." Jetzt verstehe ich es – Jesus ist mein Geschenk! Er lacht über mein kindliches Bedürfnis, ihm gefallen zu wollen.

„Komm herein", sagt er locker, als würde er einen alten Freund willkommen heißen, auf den er schon gewartet hat.

Ich mache einen Schritt über die Schwelle. *Hey, das ist gar nicht so schlimm, wie ich dachte,* sage ich zu mir und versuche, die Weite des Raumes, in dem ich stehe, in mich aufzunehmen. Ich fühle mich wie gelähmt. Die Größe und Dimensionen meiner Umgebung kann ich nicht erfassen. Doch ich weiß, dass dies ein Ort des Friedens ist. *Führe du mich, Herr!*

Es kommt mir vor, als wäre ich im besten aller Erlebnisparks angekommen, aber hätte keine Karte. Wohin ich gehen und was ich hier tun soll, ist mir völlig schleierhaft. In Gedanken fange ich an, Jesus anzubeten. Ich singe: „Ich gehe durch die Tempeltore mit Dank, trete ein in seine Vorhöfe mit Lobgesang" – die Worte aus Psalm 100 kommen mir hier so leicht über die Lippen.

Ich muss weinen.

Am liebsten würde ich an Ort und Stelle für Jesus tanzen. Und so tue ich es einfach. Es ist mir egal, wie ich dabei aussehe. In seiner Nähe möchte ich herumspringen und herumwirbeln wie ein kleines Mädchen in einem Prinzessinnenkleid.

Jesus sieht mich an und der sanfte Ausdruck auf seinem Gesicht sagt mir, dass ihm mein Singen und Tanzen gefällt.

„Das war gut, Mandy", sagt er, „doch nun will ich dir noch mehr zeigen."

Ich bin überrascht, dass er mich „Mandy" nennt. Er streckt mir seine Hand entgegen und ich ergreife sie eifrig. Dabei sehe ich mehr in seine Augen als dahin, wohin er mich führt.

Dann werde ich von meinem Gebet abgelenkt, als weitere Leute die Gebetshütte betreten. Merkwürdigerweise erinnert mich diese Unterbrechung daran, wie Jakob mit Gott kämpfte. Während ich innerlich mit dieser Unterbrechung ringe, spüre ich, dass Jesus mir Mut macht, seine Hand weiter festzuhalten. Ich sage zu ihm, was Jakob sagte: „Ich lasse dich nicht los, bis du mich segnest. Ich lasse dich nicht los, bis du mich in die Gegenwart des Vaters geführt hast, in sein Zimmer, sein Allerheiligstes, seinen Thronsaal." Ich merke, dass meine Hand fester gedrückt wird. Klammere ich mich mehr an seine Hände oder drückt Jesus fester zu? Ich weiß es nicht. Ich habe schon einmal davon gelesen, wie Jakob mit Gott gekämpft (1. Mose 32,29) und Gott ihn „Israel" genannt hat. Möchtest du, Gott, mir einen neuen Namen geben? Ich glaube nun daran, dass mein Vorname, Amanda, seiner Bedeutung gerecht wird – „die Liebenswerte". Aus mir selbst heraus bin ich es nicht wert, aber Jesus macht mich liebenswert, weil er mich erwählt hat, für mich gestorben ist und mir das ewige Leben schenkt. Ich spüre, dass Jesus mir sagt, ich müsse mir keinen Stress wegen meines Namens machen, also gehen wir weiter.

Er führt mich in einen anderen Raum; es ist ein Umkleideraum, wo ich mir etwas anderes anziehen kann, bevor ich meinem Vater begegne. Im Moment trage ich noch ein Partykleid, aber ich weiß, dass ich es ausziehen muss.

Ich habe den Eindruck, als würde Jesus mich bitten, mich vor ihm auszuziehen. Es ist mir peinlich und ich schäme mich, ausgerechnet vor ihm nackt dazustehen. Er hilft mir sanft und liebevoll beim Ausziehen. Klein und nackt stehe ich vor ihm.

Er lächelt, aber er hat dabei einen entschlossenen Zug um den Mund. Er sagt: „Ich muss dich jetzt waschen. Nur ein Mal, und dann wirst du für immer rein sein."

Er wäscht mich und ich bin bedeckt mit seinem Blut.

Ich muss weinen.

Er weint.

„Ich habe dich mit meinem Blut und meinen Tränen gewaschen", sagt er. „Jetzt bist du bereit, meinem Vater zu begegnen – komm, zieh dich schnell an. Er kann es kaum erwarten, uns zu sehen!"

Ich ziehe ein Kleid in reinem Weiß an. Es sieht aus wie ein langes Nachthemd. Der Stoff ist so rein und schön – er ist so leicht wie Seide und so sanft wie das Gesicht eines Neugeborenen. In meinem Kleid fühle ich mich wunderbar, so wie in meinem Hochzeitskleid, aber noch besser. Es passt mir wie eine zweite Haut. „Ich bin fertig", sage ich und drehe mich zu Jesus um.

„Okay, lass uns gehen", sagt er. „Es ist Zeit, unserem Vater zu begegnen."

Tag 3

Ich komme in das Gebetszelt und bin sofort gestresst. Wo soll ich bloß sitzen? Das Sofa ist belegt und in dem Sessel, in dem ich am ersten Tag saß, sitzt ein kleiner Junge. Ich schließe meine Augen. *Hilf mir, Herr, ich kann mich nicht konzentrieren. Auf einem harten Stuhl fühle ich mich nicht wohl. Auf dem Boden kann ich wegen meines gebrochenen Fußes auch nicht sitzen.* Vielleicht ist dieser äußerliche Kampf ein Ausdruck meines geistlichen Kampfes, in die Gegenwart des Vaters zu kommen. *Hilf mir, Jesus.* Der Junge steht auf und geht. Ich nehme also den Sessel und entspanne mich etwas. Dann lese ich das Vaterunser, aber mein Kopf ist wie leergeblasen.

Hilf mir, Jesus!

Ich bin müde und mir ist etwas schlecht. Daraufhin muss ich daran denken, wie mir als Kind im Auto öfter schlecht wurde – es lag wohl an der Aufregung. Ich wollte schnell an unserem Ziel ankommen, die Fahrt sollte endlich vorbei sein. Doch ich habe den Eindruck, dass diese Reise eher langsam verläuft.

Als ich an diesem Morgen auf dem Weg zum Gebetszelt war, gingen mir verschiedene Fetzen von Lobpreisliedern durch den Kopf, die sich um den Vater drehen, aber mir gelang es nicht, ein einziges Lied von vorn bis hinten zu singen.

Ich bin so müde, so müde vom Kampf – dem Kampf, mir selbst ein Vater zu sein. Ich suche in der Bibel nach der Geschichte vom verlorenen Sohn. Oh nein, ich finde sie nicht! Ich brauche doch das Wort des Vaters!

Schließlich finde ich Lukas 15,20, wo beschrieben wird, wie der schuldbeladene Sohn zum Vater zurückkehrt. In der Geschichte heißt es, dass der Vater auf den Sohn zurannte, obwohl er noch weit entfernt war, und ihn begrüßte. Ich bin erstaunt, so als hätte ich vorher nie verstanden, welche Begeisterung der Vater verspürt, sobald er seinen Sohn wiedersieht.

Jesus, obwohl ich mit dir auf dem Berg des Königs stehe und innerhalb des Tempelhofs, habe ich immer noch das Gefühl, weit entfernt von der Gegenwart des Vaters zu sein. Leite mich, Jesus, zeig mir den Weg.

Ich erinnere mich an die Beziehung, die ich zu dem Mann hatte, den ich „Dad" nannte – John, meinen Stiefvater. Ich liebte ihn sehr, aber irgendwie war da eine Distanz zwischen uns. Ich wusste nur, wie man aus der Distanz liebt und geliebt wird. Wie liebe ich meinen himmlischen Vater und empfange seine Liebe aus nächster Nähe?

Jesus, du weißt, wie! Du bist mit dem Vater so nah verbunden, dass du ihm deine Gedanken mitteilst und er dir seine. Ich wusste nie, was mein Dad über mich dachte, und er wusste auch nie, was ich über ihn dachte. Wir konnten es uns gegenseitig nicht sagen und versuchten es auch nicht. Der Graben zwischen uns war zu tief. Wie einsam ich mich doch fühlte – wie einsam er sich gefühlt haben muss! Jesus, ich möchte den Vater kennen und deine Nähe zu ihm teilen. Ich möchte seine Gedanken über mich kennen und er soll wissen, was ich über ihn denke. Doch ich weiß, dass mir das nur durch dich möglich ist, Jesus. Wieder nehme ich die Hand von Jesus. Er führt mich zu einer weiteren Tür. Mir kommen die Verse in den Sinn:

„Bittet, und ihr werdet erhalten. Sucht, und ihr werdet finden.

Klopft an, und die Tür wird euch geöffnet werden."

MATTHÄUS 7,7

„Wie viel mehr wird euer Vater im Himmel denen,

die ihn darum bitten, Gutes tun?"

MATTHÄUS 7,11B

Während ich nach der Geschichte vom verlorenen Sohn suche, stolpere ich über diesen Vers:

„Und der Vater richtet niemanden,

sondern das Gericht hat er ganz in die Hände

seines Sohnes gegeben."

JOHANNES 5,22

Wow, diesen Vers habe ich noch nie richtig in mich aufgenommen. Unser Vater ist nicht mein Richter – das ist Jesus! Jesus, danke, dass du mein Richter bist und dass du den Preis für meine Sünden bezahlt hast. Du allein hast die Schlüssel zum Königreich. Du allein bist für mich gestorben, um mir das Leben zu geben. Herr, ich bitte dich, dass du mich mitnimmst, um unserem Vater zu begegnen. Herr, ich trachte nach deinem Reich. Ich sehne mich danach, das Allerheiligste zu betreten, den Tempel des allerhöchsten Gottes. Jesus, ich klopfe an diese Tür.

Es ist merkwürdig – als ich klopfe, steht Jesus bei mir auf der einen Seite des Thronsaals und doch begrüßt mich sein lächelndes Gesicht, als mir die Tür geöffnet wird. Was noch merkwürdiger ist: Jetzt ist es gar keine Tür mehr, sondern ein feiner, hauchdünner Schleier, den er vor mir zur Seite zieht, um mich einzulassen. Mir fällt der Glanz des Schleiers auf, der eigentlich transparent ist. Man konnte mich von der anderen Seite durch diesen Schleier sehen, aber von meiner Seite aus konnte ich nichts erkennen. Ich mache einen weiteren Schritt vorwärts und werde von etwas bedeckt, das ich nur schwer beschreiben kann. Es ist, als würde ich in einen dichten Parfümnebel eingehüllt. Ich bin überwältigt; ich werde vollkommen von dem Nebel durchnässt. Ich halte inne, nur um noch etwas an diesem Ort verweilen zu können, dann werde ich vorwärts gezogen und wate durch Wellen, die Gottes Herrlichkeit darzustellen scheinen. Für mich sind sie einfach reines, schweres Wasser. An diesem Ort fühle ich mich so geliebt; es ist absolut außergewöhnlich. Die Liebe scheint eine physische Form anzunehmen – die Liebe des Vaters zu mir.

Einundvierzig Jahre pure Liebe, die nur darauf warten, dass ich komme und sie empfange. Das Gewicht ist riesig. Ich gehe darunter zu Boden. Ich merke, dass ich weine, mein Kleid ist völlig durchnässt von meinen Tränen. *Wie lange weine ich schon?*, frage ich mich.

„Du hast einundvierzig Jahre lang geweint", höre ich den Vater erwidern.

Nun hält mich nichts mehr auf den Knien, ich lege mich ganz flach auf den Boden, mit dem Gesicht zur Erde. Dort liege ich, doch ich fühle mich, als flöge ich durch Zeit und Raum. Dann höre ich, wie mein Name gerufen wird. Ich schaue auf zum Thron. Zur rechten Seite des Vaters sehe ich meinen wunderschönen Jesus. Er bedeutet mir mit einem Winken seiner Hand, näherzukommen.

„Komm her", sagt er sanft. „Komm und setz dich zu unserem Vater."

Noch bevor ich meinen letzten Gedanken zu Ende denken kann, strecken sich mir große Hände entgegen und heben mich hoch. Ich werde hoch in die Luft gehoben, emporgehalten von einem Vater, dessen Augen vor Bewunderung strahlen, während er sein kleines Mädchen ansieht – seine Schöpfung; seins, seins, seins.

Er zieht mich nah an sein Herz. Eigentlich schmiege ich mich nur an seine Brust, aber ich spüre, ich bin ihm so viel näher. Er zieht mich in seine Welt, nein, in sein Universum, und ich finde immer noch keine Worte dafür. Es gibt einfach keinen Ausdruck dafür. Ich gebe auf. Ich versuche nicht mehr, meinen eigenen Vorstellungen zu entsprechen. Ich versuche nicht mehr, das zu sein, was ich nicht bin, nicht mehr mir selbst Vater und Mutter zu sein. Ich gebe einfach all diese Versuche auf.

Oh, was für ein Friede, was für eine Kraft, was für eine Ruhe! „Wie groß ist die Liebe des Vaters für *mich*!", singe ich mir selbst zu. Ich weiß, ich werde es nie begreifen. Ich bin nicht Gott. Ich soll es auch nicht sein. Ich muss nicht verstehen, wie es ist, Gott zu sein.

„Aber du bist mein", höre ich unseren Vater sagen. „Und du sollst wissen, dass ich dich liebe, wissen, dass ich immer da bin, und wissen, dass ich immer bei dir war."

Je mehr er spricht, umso mehr scheint dieser Ort mit Leben zu pulsieren, und Strahlen von etwas, das nur seine „Herrlichkeit" sein kann, umgeben mich. Ich höre Jesus lachen; es kommt tief aus seinem Innersten.

Jesus sagt: „Ist Abba[8] nicht großartig, Mandy? Ich habe dir doch gesagt, wie toll er ist!"

Ich entspanne mich, und zum ersten Mal in meinem Leben spüre ich mich. Ich fühle mich frei, einfach nur ich selbst zu sein. Vollkommen angenommen, ohne etwas zu tun oder mitzubringen – ich kann einfach nur ich sein.

Ich brauche gar nicht erst versuchen, mich irgendwie bei ihm zu bedanken. Ich spüre einfach, dass er weiß, wie dankbar ich bin. In mir spüre ich: Die einzig angemessene Reaktion darauf ist, dass ich mein Leben vollständig seinem Sohn Jesus anvertraue und mit ihm lebe. Nun muss ich lachen – ich habe keine Angst mehr vor dem Vater, mein Herz ist erfüllt mit kindlichem Staunen. Mein Gott, mein Vater, mein Jesus durch seinen Geist.

Nun stehe ich wieder und bin voller Begeisterung. „Ich will anderen erzählen, wie umwerfend du bist." Ich weiß, ich kann jederzeit mit Jesus wiederkommen. Also macht es mir nichts aus, wieder von seinem Schoß zu steigen und mich vom Thron zu entfernen.

Ich kehre zurück mit den Worten des Vaterunsers auf den Lippen: „Vater unser im Himmel ..."

Ich hoffe, dass diese Tagebucheinträge dich ermutigen und wissen lassen, dass unser Vater darauf wartet, *dir* zur Begrüßung entgegenzulaufen; dass du einem liebenden Vater begegnen wirst, der dich nicht richtet und dass deine Reise mit seinem Sohn niemals mehr so sein wird wie zuvor, wenn du ihm einmal begegnet bist. So wie ich zu der Frau werde, zu der Gott mich geschaffen hast, wirst auch du frei sein, die zu werden, zu der er dich geschaffen hat.

Abgesehen von dieser Erfahrung haben mir die Bücher von Jack Frost sehr dabei geholfen, Gott als Vater kennenzulernen. Sein Dienst, der Menschen zum „Vaterherz Gottes" zieht, hat sehr stark zu meiner eigenen Heilung beigetragen. Ich möchte dir sehr ans Herz legen, seine Website zu besuchen und dir auf deinem Weg zum Vater von seinen Erkenntnissen helfen zu lassen.[9]

KAPITEL 4

Das „Gartenherz" Gottes

Es gab einmal einen Garten, von dem wir alle schon gehört haben – ein irdisches Paradies genannt Eden. Dieser Garten war von legendärer Schönheit und die Geburtsstätte Evas, Gottes letztem Ausdruck seiner wunderschönen Schöpfung.

Gleichzeitig ist Eden der Ort, der für uns immer symbolisch für Evas Fall stehen wird. Wir alle kennen die traurige Geschichte mit der verbotenen Frucht und dieser elendigen Schlange, die damit endet, dass Adam und Eva aus dem Garten vertrieben wurden. Die ganze Schöpfung hatte unter den Konsequenzen von Evas Entscheidung zu leiden; das Geschaffene wurde vom Schöpfer getrennt. (Auch wenn wir das manchmal vergessen, können wir in dem biblischen Bericht lesen, dass Adam in Gottes Augen ebenso schuldig war.)

Hat sich Gottes Liebe für die Menschheit verringert, nachdem seine Menschen aus dem Garten vertrieben wurden? Kein bisschen. Seine Liebe zu uns war und ist unerschöpflich, ewig und grenzenlos. Stell dir seine Liebe mal wie einen wunderschönen Garten vor, der wie Eden ist, aber nach wie vor existiert. Dieser herrliche Ort ist riesig, seine Größe übersteigt unser Verstehen; er ist weit und lang und hoch und tief (vgl. Epheser 3,17-19). Wir waren einmal getrennt von seiner Liebe, aber Gott hatte schon einen Weg bereitet, auf dem wir dorthin zurückgelangen konnten. Nun können wir Gottes Liebe durch die Liebe höchstpersönlich empfangen – die Liebe, die wir in der Person und im Werk von Jesus Christus erkennen. Uns wurde der Zutritt gewährt; wir haben Zugang zu Gottes Herzen, zu dem Garten der Liebe des Vaters. Das nenne ich das „Gartenherz Gottes".

In der Bibel wird die Beziehung zwischen den Menschen und Gott mit vielen verschiedenen Dingen verglichen. Wir sind wie Schafe und Ziegen (vgl. Matthäus 25,32) und Jesus ist der gute Hirte (vgl. Johannes 10,11). Wir sind der Ton, er ist der Töpfer (vgl. Jesaja 64,7). In einigen der aussagekräftigsten Bilder werden wir mit Pflanzen verglichen, insbesondere mit Gras: „Menschen sind wie Gras. Ihre Schönheit ist wie eine Feldblume. [...] Das Gras verdorrt und die Blumen welken; aber das Wort des Herrn hat für immer Bestand" (Jesaja 40,6.8). Und als Jesus uns als die Weinreben bezeichnete, die mit ihm, dem wahren Weinstock, verbunden sind (vgl. Johannes 15,1), nannte er seinen Vater den „Gärtner".

Ich mag dieses Bild vom Vater als Gärtner. Es ist einfach der Realität viel näher als das Bild eines alten Mannes mit einem wallenden weißen Bart, der auf den Wolken sitzt und wie der Weihnachtsmann im Nachthemd aussieht. Nein, unser Gott ist nicht passiv, sondern er kümmert sich um uns. Sanft pflegt er die Weinreben mit seinen großen, abgehärmten Händen – seine Liebe zu uns ist in seine Handflächen gezeichnet. „Sieh, ich habe dich in meine Handflächen gezeichnet" (Jesaja 49,16).

Unser Gott, der Gärtner, ist ein echter Experte. Der Garten seiner Liebe ist voller Farben, ja, es finden sich dort alle Farben des Regenbogens. Sein Garten ist gleichzeitig wohlgeordnet – er kennt jeden Grashalm („Und auch die Haare auf eurem Kopf sind alle gezählt"; Lukas 12,7) – und ein Ort, an dem sich Wildwuchs findet. Nicht „wild" im Sinne von „Unordnung", sondern „wild" im Sinne von „hingebungsvoller Leidenschaft". Der Vater ist ein passionierter Gärtner. Sein Verlangen ist so wild wie das Feuer selbst. Er besitzt eine große Leidenschaft für dich, ist sogar anderen gegenüber eifersüchtig, wenn es um dich geht. Er spricht dir zu: „Denn der Herr, euer Gott, ist ein verzehrendes Feuer, er ist ein eifersüchtiger Gott!" (5. Mose 4,24).

Ein begabter Gärtner hat einen Plan, der jede seiner Pflanzen mit einschließt. Er kennt seine Pflanzen in- und auswendig. Er weiß alles über sie, kennt ihr Wesen und weiß, was gut für sie ist. Es war vorherbestimmt, dass du leben solltest – wusstest du das? Du warst geplant; du warst kein ungewollter Fehler. In Jeremia 1,5 (ELB) heißt es: „Ehe ich dich im

Mutterleib bildete, habe ich dich erkannt, und ehe du aus dem Mutterschoß hervorkamst, habe ich dich geheiligt." Wenn du denkst, dass das nicht auf dich zutrifft, dann lass dich durch die folgenden Worte daran erinnern, wie gut Gott dich kennt:

„Herr, du hast mein Herz geprüft

und weißt alles über mich.

Wenn ich sitze oder wenn ich aufstehe, du weißt es.

Du kennst alle meine Gedanken.

Wenn ich gehe oder wenn ich ausruhe, du siehst es

und bist mit allem, was ich tue, vertraut.

Du hast zugesehen, wie ich im Verborgenen gestaltet wurde,

wie ich gebildet wurde im Dunkel des Mutterleibes.

Du hast mich gesehen, bevor ich geboren war.

Jeder Tag meines Lebens war in deinem Buch geschrieben.

Jeder Augenblick stand fest, noch bevor der erste Tag begann."

PSALM 139,1-3.15-16

Wenn du glauben kannst, dass du noch vor Anbeginn der Schöpfung ein gewollter Gedanke Gottes warst, dann nimm doch auch die folgende Wahrheit für dich in Anspruch: Für dich gibt es einen Platz im „Gartenherz" Gottes. Stell dir vor, dass es im Garten der Liebe Gottes eine Milliarde Blumen gibt und jede von ihnen die Seele einer Frau darstellt. Weißt du, dass auch du deinen Platz an diesem Ort hast, dass Jesus gestorben ist, um dir diesen Platz zu schenken? Oder fühlst du dich eher wie Unkraut – abgelehnt, ungewollt und ungeliebt? Lass dir gesagt sein: Im „Gartenherz" Gottes gibt es kein Unkraut. Jeder gute Gärtner wird dir bestätigen, dass es so etwas wie Unkraut eigentlich gar nicht gibt – nur eine Blume, die am falschen Ort gepflanzt wurde. Für dich ist ein Platz in Gottes Blumenbeeten reserviert, ein Platz, den niemand außer dir ausfüllen kann. Du bist einzigartig – Gott hat nur ein Exemplar von dir geschaffen. Kein anderer auf der Erde kann den Platz ausfüllen, den du in seinem Herzen hast. Möchtest du deinen rechtmäßigen Platz einnehmen? Für uns alle wurde der Weg zurück zum Vater freigemacht. Jesus sagt uns:

„Ich bin der Weg, die Wahrheit und das Leben. Niemand kommt zum Vater außer durch mich" (Johannes 14,6).

Wenn wir uns entscheiden, Jesus in unser Herz einzuladen, dann kommt er zu uns und lebt durch seinen Heiligen Geist in uns. Unser Vater, der Gärtner, wird dich durch seinen Geist bewässern. Er möchte, dass du blühst und gedeihst. Er hat so viele Verheißungen für dich – Versprechen, die so wahrhaftig sind wie seine Liebe, wie zum Beispiel:

„Ich, der Herr, werde euch immer und überall führen,

auch im dürren Land werde ich euch satt machen

und euch meine Kraft geben.

Ihr werdet wie ein Garten sein, der immer genug Wasser hat,

und wie eine Quelle, die niemals versiegt."

JESAJA 58,11 (GNB)

Glaube seinen Versprechen für dich, während du deinen Platz im „Gartenherzen" Gottes einnimmst.

Ehrlich gesagt bin ich selbst nur eine Schönwettergärtnerin. Ich liebe Gärten, aber nicht das Gärtnern. Für mich erschöpft sich das, was ich Gärtnern nenne, in einer Art gelegentlicher Aufräumarbeit – willkürlich schneide ich mal hier oder da einen Strauch zurück oder bitte Keith, mir ein Loch für meine neueste Errungenschaft aus der Gärtnerei zu graben. Ich hätte gern einen Garten voller Farben, einen Ort, der so aussieht wie die Bilder in den Hochglanzgartenmagazinen, aber eigentlich besitze ich wenig Geschick, wenn es um die Pflege von Pflanzen geht. Frag meine Familie – sie nennen mich die „Pflanzenmörderin".

Vielleicht schmunzelst du über diesen Spitznamen, aber kommt es uns nicht manchmal auch so vor, als würde Gott, der Gärtner, sich wie ein Mörder verhalten, der scheinbar davon besessen ist, uns von der Erde verschwinden zu lassen? Ich bin überzeugt: Das, was mir an Kompetenz beim Gärtnern fehlt, hat unser Abba-Vater mehr als reichlich. Im Gegensatz zu mir sind unserem Vater, dem Gärtner, die Blumen in seinem Gartenherzen wirklich wichtig. Alles, was er tut, tut er zu unserem Besten. Einige Dinge, die mit dem Gärtnern zusammenhängen, verdeutlichen für mich die Art und Weise, wie er sich um uns kümmert. Wir alle sind Menschen, die Fehler machen und scheitern, und wir brauchen jemanden, der sich liebevoll um uns kümmert. Doch oft gehen wir Gott aus dem Weg, weil wir fälschlicherweise glauben, dass seine Aufmerksamkeit uns keinen Segen schenkt, sondern Schaden zufügt.

Der Komposthaufen

In der hinteren Ecke meines Gartens, hinter unserem verschrumpelten Pflaumenbaum, befindet sich der Komposthaufen. Dort entlädt Keith nach dem Mähen den Rasenschnitt und gelegentlich bringe ich die abgebrochenen Zweige und Überbleibsel von Pflanzen dorthin, die ich bei meinen viel zu seltenen Ausflügen in die Pflanzenpflege einsammle. Unser Komposthaufen müsste dringend mal entsorgt werden. Das ist allein Keiths Aufgabe, aber ich bin immer wieder verblüfft über dieses Wunder – nein, damit meine ich ganz sicher nicht das Wunder, dass Keith den Kompost leert, sondern das, was passiert, wenn er geleert wurde. Aus stinkenden, verrottenden Abfällen ist eine fruchtbare, reichhaltige Erde geworden, in der sich viele Leben spendende Nährstoffe befinden. Totes ist wieder lebendig geworden. Wie kann so etwas geschehen?

Wie jeder gute Gärtner weiß, gibt es bestimmte Dinge, die man in den Kompost tun kann – und andere, die dort ganz sicher nicht hineingehören. Von Krankheit befallene Pflanzenteile gehören ausschließlich ins Feuer. Würden ihre erkrankten Teile nicht abgeschnitten werden, würde man die Pflanze bald nicht mehr erkennen und sie hätte keinerlei Ähnlichkeit mehr mit der wunderschönen Blütenpracht, die sie vorher einmal ausmachte.

Diese Erkrankung ist ein Bild für unsere Trennung von Gott. Schau mal, was Jesus über den Weinstock und die Reben sagt:

> „Ich bin der Weinstock; ihr seid die Reben. Wer in mir bleibt und ich in ihm, wird viel Frucht bringen. Denn getrennt von mir könnt ihr nichts tun. Wer nicht in mir bleibt, wird fortgeworfen wie eine nutzlose Rebe und verdorrt. Solche Reben werden auf einen Haufen geworfen und verbrannt. Doch wenn ihr mit mir verbunden bleibt und meine Worte in euch bleiben, könnt ihr bitten, um was ihr wollt, und es wird euch gewährt werden! Darin wird mein Vater verherrlicht, dass ihr viel Frucht hervorbringt und meine Jünger werdet."

JOHANNES 15,5-8

Der Komposthaufen ist ein tolles Bild für die Prüfungen unseres Lebens. Unser Vater, der Gärtner, setzt uns dorthin, um alles Übelriechende und Verrottende in unserer Seele zu verwandeln und uns mit der Zeit in etwas Wunderbares umzuformen. Er ist sehr streng; er wird nichts tolerieren, was andere Teile infizieren könnte. Für diese Dinge kennt er nur einen Ort – das ewige Feuer. Im Leben einer Frau kann so ein infizierter Teil zum Beispiel eine schädliche Beziehung zu einem gewalttätigen Partner sein, der sie missbraucht und dem sie die Kontrolle über ihr Leben gegeben hat. Oder vielleicht gibt es in deinem Leben eine Person, die dir den Lebensmut raubt und dich auslaugt, und du hältst sie immer noch für eine „Freundin". Vielleicht quälst du dich auch unnötig, weil du einer anderen Person nicht vergeben möchtest, oder du sagst ständig negative Dinge über dich, die dadurch bald tatsächlich Realität werden. Klingeln bei einem dieser Punkte die Alarmglocken in deinem Herzen? Wenn dem so ist und du das Gefühl hast, dein Leben sieht im Moment wie ein stinkender Haufen aus, kann es sich lohnen, den Zustand des Bodens in deinem Herzen zu untersuchen. Nachdem Jesus das bekannte Gleichnis vom Sämann erzählt hatte, erklärte er seinen Jüngern die Bedeutung:

„Aber wenn auch ihr dieses Gleichnis nicht versteht, wie wollt ihr dann die anderen Gleichnisse verstehen, die ich noch erzählen werde? Der Bauer, von dem ich sprach, ist derjenige, der anderen Menschen Gottes Botschaft bringt. Der Same, der auf den harten Weg fällt, meint die Menschen, die die Botschaft hören; doch gleich kommt Satan und nimmt ihnen alles weg. Die dünne Erdschicht mit dem felsigen Untergrund ist ein Beispiel für die Menschen, die die Botschaft hören und mit Freude aufnehmen. Aber wie bei jungen Pflanzen in einem solchen Boden reichen ihre Wurzeln nicht sehr tief; wenn sie wegen ihres Glaubens auf Schwierigkeiten stoßen oder verfolgt werden, geben sie wieder auf. Der mit Dornen bewachsene Boden verweist auf die Menschen, die die gute Botschaft hören und annehmen, doch sie wird von Alltagssorgen, den Verlockungen des Reichtums und dem Verlangen nach schönen Dingen übertönt, sodass keine Frucht daraus entstehen kann. Der gute Boden aber meint schließlich die Menschen, die Gottes Botschaft hören und annehmen und reiche Frucht bringen – dreißig-, sechzig-, ja hundertmal so viel, wie gesät wurde."

MARKUS 4,13-20

Möchtest du nicht auch einen Boden haben, der so eine Frucht hervorbringt? Wenn du keinen guten Boden hast, dann bitte den Gärtner, dir ein bisschen Zeit auf dem Komposthaufen zu schenken. Komm schon, sei mutig! Es kann sein, dass du dich für eine kurze Zeit verlassen fühlst, während der Abfall aussortiert wird, aber denke daran, dass unser Vater, der Gärtner, dich dort nicht ewig bleiben lassen wird; es dauert sicher etwas, bis seine geheimnisvollen Prozesse zur Reifung kommen, aber du wirst anschließend mit Sicherheit verändert sein. Stell dir doch zum Beispiel die Freiheit vor, die mit Sicherheit auf dich wartet, wenn du eine einseitige Freundschaft aufgibst, in der du ständig die Gebende bist, aber nie etwas von bleibendem Wert zurückerhältst. Ja, es kann sein, dass du dich eine Zeit lang einsam fühlst, besonders wenn du dieser Person erlaubt hast, einen großen Teil deines Lebens zu bestimmen. Aber schon bald wirst du so weit sein, dass eine neue, erfüllendere Freundschaft ihren Platz einnehmen kann. Es wird etwas dauern, aber hab Mut – unser Vater, der Gärtner, möchte, dass du blühst und gedeihst.

Denn wir sind „… ganz sicher, dass Gott, der sein gutes Werk in euch angefangen hat, damit weitermachen und es vollenden wird bis zu dem Tag, an dem Christus Jesus wiederkommt."

PHILIPPER 1,6

Das Beschneiden

Unser Vater, der Gärtner, hat wirklich Ahnung von dem, was er tut, und er kann auf alle Geräte zurückgreifen, die er braucht, um seine Blumen zu pflegen … darunter auch eine scharfe Gartenschere. Wir wissen, dass es zum Beispiel für Rosen lebenswichtig ist, sie zu beschneiden. Warum schätzen wir dann nicht Abbas Fürsorglichkeit, wenn wir geistlich beschnitten werden? Ich stecke gerade in dem Prozess, „beschnitten" zu werden. Der Herr legt seinen Finger darauf, wie viel Zeit ich mit Fernsehen verbringe und was ich mir dort ansehe. Zeit ist etwas Kostbares und ich glaube, dass Jesus eine bessere Vorstellung davon hat, wie ich sie nutzen kann. Ehrlich gesagt leiste ich bei diesem Prozess Widerstand. Ich glaube, dieser Teil meines Lebens ist wie diese dicken, knorrigen alten Äste, denen man mit einer Säge zu Leibe rücken muss. Autsch! Erinnerst du dich noch an das Bild vom Weinstock? Es ist der Wunsch des Gärtners, dass wir reiche Frucht bringen – und nicht nur irgendwelche, sondern bleibende Frucht. Wenn wir also von Gott „zurückgeschnitten" werden, tut das weh, aber wir sollten uns daran erinnern, dass er noch größere Dinge für uns im Sinn hat.

Ich liebe es, duftende Platterbsen in einem Garten zu finden. Diese feingliedrige, schöne Pflanze kann sehr üppig aufblühen, doch damit dies geschieht, müssen ihre Blüten regelmäßig gepflückt werden. Je öfter man das macht, desto üppiger blüht sie. Von dieser hübschen kleinen Blume können wir eine wichtige Lektion für unseren Glauben lernen. Wenn wir unserem Vater, dem Gärtner, erlauben, täglich alles zu entfernen, was in unserem Leben seine besten Zeiten schon hinter sich hat, wird sein Geist noch mehr von unserer Schönheit zur Entfaltung bringen.

Das Umpflanzen

Gelegentlich kann es sein, dass man Pflanzen eintopfen muss. So ein Topf kann ein Schutzort für neue Pflanzen sein, die noch zu zart für das Auspflanzen ins Freiland sind. Es ist zunächst ein sicher Ort, an dem die Pflanze wachsen kann. Wenn sie aber heranwächst, kann es sein, dass sie aus ihrem Behälter herauswächst und ihre Wurzeln bereits über den Rand hinausragen; an diesem Punkt weiß der Gärtner, dass nun ein größerer Topf vonnöten ist.

Die meisten von uns mögen es nicht, wenn man uns zu sehr einschränkt, aber ich glaube, Gott möchte, dass wir ihm besonders in diesem Punkt vertrauen. Doch wir rebellieren oft, wenn uns Beschränkungen auferlegt werden, selbst wenn sie unserem Schutz dienen – die rebellische Reaktion des Volkes Israel auf Gottes Gebote in 2. Mose ist ein Beleg dafür.

Der eigentliche Prozess des Umpflanzens lehrt uns auch viel über Gottes Zeitplan. Wenn die Wurzeln einer Pflanze keinen Platz mehr haben, um zu wachsen, wird der Gärtner sie in einen größeren Topf umpflanzen. Dieser Prozess kann bei der Pflanze oft eine Art Schockreaktion auslösen; ihre neue Umgebung erscheint zu groß und wirkt überwältigend. Ich habe das selbst erlebt, als Gott mich aus der Sicherheit meines Geburtslandes nahm und in die Schweiz umpflanzte. Was für ein Schock! Doch zwölf Jahre später wohne ich immer noch in der Schweiz und sehe, dass Abba gute Pläne für mich hatte – er hat mir ausreichend Platz gegeben, um zu wachsen.

Vielleicht hast du auch das Gefühl, schon längst aus deinem Topf herausgewachsen zu sein, und du hast es satt, darauf zu warten, dass es weitergeht. Doch Gottes Zeitplan ist perfekt, und er gebraucht die verschiedenen Phasen unseres Lebens, um eine bestimmte Frucht in uns hervorzubringen, die bei uns allen wachsen kann: Geduld, eine der sieben Früchte der Geistes (vgl. Galater 5,22). Geduld ist etwas, das wir nicht selbst hervorbringen können. Wie Jesus im Gleichnis vom Weinstock sagte, können wir keine Frucht hervorbringen, wenn wir nicht in ihm bleiben; und wenn wir in ihm bleiben, braucht es seine Zeit. Der Schöpfer bringt uns Geduld bei, wenn wir lernen, seinen Zeitplan anzunehmen. Er hat bestimmte Zeiten für alles festgelegt:

„Alles hat seine Zeit, alles auf dieser Welt hat seine ihm gesetzte Frist: Geboren werden hat seine Zeit wie auch das Sterben. Pflanzen hat seine Zeit wie auch das Ausreißen des Gepflanzten. Töten hat seine Zeit wie auch das Heilen. Niederreißen hat seine Zeit wie auch das Aufbauen. Weinen hat seine Zeit wie auch das Lachen. Klagen hat seine Zeit wie auch das Tanzen. Steine zerstreuen hat seine Zeit wie auch das Sammeln von Steinen. Umarmen hat seine Zeit wie auch das Loslassen. Suchen hat seine Zeit wie auch das Verlieren. Behalten hat seine Zeit wie auch das Wegwerfen. Zerreißen hat seine Zeit wie auch das Flicken. Schweigen hat seine Zeit wie auch das Reden. Lieben hat seine Zeit wie auch das Hassen. Krieg hat seine Zeit wie auch der Frieden."

PREDIGER 3,1-8

Unsere Supermarktregale verdeutlichen, dass wir Menschen nicht besonders geduldig sind. Durch die Globalisierung kann man auch im Winter Sommerfrüchte genießen. Doch nichts schmeckt besser als das Obst der Saison. Erdbeeren schmecken im Sommer am besten; sie wurden für den Sommer geschaffen. Wenn du daher das Gefühl hast, schon zu lange in dem Topf „Vorbereitung" zu sein, dann denke mal darüber nach, ob du vielleicht doch genau dort bist, wo unser Vater, der Gärtner, dich in dieser Lebensphase haben möchte – einer Phase, die die wunderbare Frucht der Geduld hervorbringt. Hab Geduld. Lebe geduldig. Denn unser Vater, der Gärtner, wünscht sich, dass du viel Frucht bringst, und zwar bleibende Frucht.

KAPITEL 5

Seht die Lilien

Siehe, der Winter ist vorbei, die Regenzeit ist vorüber, ist vergangen.

Die Blumen zeigen sich im Lande,

die Zeit des Singens ist gekommen,

und die Stimme der Turteltaube lässt sich hören in unserm Land.

Der Feigenbaum rötet seine Feigen,

und die Reben, die in Blüte stehen, geben Duft.

Mach dich auf, meine Freundin,

meine Schöne, und komm!

HOHELIED 2,11-13

Einer der treffendsten Ratschläge für die moderne Frau kommt nicht aus einem Modemagazin oder einer Lifestyle-Sendung, so durchdringend und überzeugend die dort geäußerten Tipps auch klingen mögen. Er kommst aus dem Mund von Jesus. Ein Mann, der von Beruf Zimmermann war und vor 2.000 Jahren lebte, scheint nicht unbedingt der beste Kandidat zu sein, um modernen Frauen eine Botschaft zu vermitteln – doch die Worte von Jesus haben die Zeit überdauert. Über die Jahrtausende hinweg sprechen sie immer noch kraftvoll, schlicht und klar in unsere Situation hinein. Er sagt uns zum Beispiel, dass wir uns keine Sorgen machen sollen (vgl. Matthäus 6). Er spricht auch über unsere Ernährung, über das, was wir anziehen, über unseren Drang, für uns selbst zu sorgen. Seine Worte laden uns ein, über unseren wahren Wert nachzudenken. Er spricht über unsere wahre Schönheit. Er sagt uns, dass all unsere Versuche, Schönheit zu erlangen, unnötig sind, denn wenn wir nach ihm und seinem Reich trachten, werden wir alles haben, was wir brauchen. Nimm dir ein paar Minuten Zeit, mach dir einen Kaffee, wenn du willst, und lies dir seine Worte in Ruhe durch. Wenn du die Zeit hast, dann lies sie dir nicht nur einmal in normalem Tempo durch, sondern versuche es mal mit der traditionellen Methode der *Lectio divina*. Lies den Abschnitt mehrere Male ganz langsam und lass dir dabei jeden Satz auf der Zunge zergehen. Dann lege das Buch zur Seite und begib dich in Gedanken in die Szene hinein, in der Jesus diese Worte gesprochen hat, und lass sie vor deinen Augen lebendig werden:

„Darum sage ich euch: Sorgt euch nicht um euer tägliches Leben – darum, ob ihr genug zu essen, zu trinken und anzuziehen habt. Besteht das Leben nicht aus mehr als nur aus Essen und Kleidung? Schaut die Vögel an. Sie müssen weder säen noch ernten noch Vorräte ansammeln, denn euer himmlischer Vater sorgt für sie. Und ihr seid ihm doch viel wichtiger als sie. Können all eure Sorgen euer Leben auch nur um einen

einzigen Augenblick verlängern? Nein. Und warum sorgt ihr euch um eure Kleider? Schaut die Lilien an und wie sie wachsen. Sie arbeiten nicht und nähen sich keine Kleider. Trotzdem war selbst König Salomo in seiner ganzen Pracht nicht so herrlich gekleidet wie sie. Wenn sich Gott so wunderbar um die Blumen kümmert, die heute aufblühen und schon morgen wieder verwelkt sind, wie viel mehr kümmert er sich dann um euch? Euer Glaube ist so klein!"

MATTHÄUS 6,25-30

Hörst du seine Stimme, die sanft deine Seele streichelt? Vielleicht kennst du diese Worte bereits, vielleicht auch noch nicht. So oder so ist es aber schwer von der Hand zu weisen, dass Jesus bereits wusste, was die Welt uns heute im 21. Jahrhundert erzählen würde. Offenbar können Frauen nicht ohne den neuesten Modetrend, die angesagteste Diät oder die aktuellste Kosmetik leben – die ja alle dafür da sind, um uns schön zu machen, so heißt es zumindest.

Doch tatsächlich werden sie in erster Linie kreiert, damit die Produzenten damit Geld verdienen. Bei diesen Industriezweigen geht es zuallererst um den Gewinn; erst danach kommt das Ziel, dir zu Schönheit zu verhelfen. Die Schönheitsindustrie macht jedes Jahr Milliardenumsätze. Die stillschweigende Prämisse lautet, dass man dich schön machen muss, weil dir etwas fehlt und du „repariert" werden musst. Wir werden nicht so behandelt, als wären wir bereits schön – im Gegenteil. Uns wird gesagt, dass wir die Schönheit brauchen, die sie uns verkaufen möchten.

Damit meine ich nicht, dass wir jetzt all unsere Schönheitsprodukte wegschmeißen und „ganz natürlich" aus dem Haus gehen müssten. Ich unterscheide mich nicht von dem meisten Frauen – auch ich habe bereits teuer für die neuesten Modeprodukte bezahlt („bezahlt" ist hier das entscheidende Wort). Nimm dir jetzt einen Moment Zeit, um eine andere Meinung über deine Schönheit in Betracht zu ziehen: und zwar die Meinung von Jesus. Ich will dir von einer erstaunlichen Wahrheit erzählen, die Jesus mir gezeigt hat.

Während einer Gebetszeit las ich die Worte von Jesus, wie sie in Matthäus 6 wiedergegeben sind. Ich hatte sie zuvor schon sehr oft gehört und war von ihrer kraftvollen Schlichtheit berührt worden, aber ich litt immer noch unter so vielen Komplexen. Es wird oft darüber berichtet, dass die Mehrheit aller Frauen bei Umfragen über ihr Leben, ihren

Körper etc. mit sich selbst unzufrieden ist. Viele sagen sogar, dass sie bestimmte Dinge an sich „hassen". Damit kann ich mich gut identifizieren. Viele Jahre lang habe ich mit meinem Gewicht gekämpft und dabei immer wieder verloren. Die Probleme mit dem schlechten Bild, das ich von meinem Körper habe, verfolgten mich und mein Leben war gefühlsmäßig ein einziges Auf und Ab – ich schwankte von stolzem Leugnen („Nein, ich habe kein Problem") bis hin zu abgrundtiefer Abscheu und Scham („Du bist ein einziges Problem"). Ich gelangte an den Punkt, wo ich es einfach satthatte, das „Ich" zu sein, das ich sein wollte. Dann hörte ich die Worte von Jesus.

Als ich im Gespräch mit ihm das „hörende Gebet" praktizierte, fragte ich ihn nach diesen Versen in Matthäus. Als Antwort stellte Jesus mir eine Reihe von Fragen, die ich später den „Dienst der Blumen" genannt habe. Die Antworten auf diese Fragen haben die Art, wie ich mich selbst sehe, völlig verändert. Und damit meine ich *wirklich* völlig verändert. Es war, als hätte man mir ein neues Paar Augen gegeben, mit denen ich mich nun betrachtete. Diese Offenbarung veränderte meine Haltung in Bezug auf meine Zukunft, zu den anderen Frauen in meinem Leben und zu den Frauen, denen ich sonst so begegne. Es wäre toll, wenn du das auch so erleben würdest.

Bitte nimm dir die Zeit, dir selbst die gleichen Fragen zu stellen. Wenn dir gerade die Zeit fehlt, überflieg diesen Abschnitt nicht einfach nur, sondern spare dir die Fragen für einen späteren Zeitpunkt auf, wo du Zeit für dich und für Gott hast. Es klingt vielleicht etwas pathetisch, aber ich möchte nicht, dass du etwas Wichtiges verpasst – etwas, das vielleicht sogar dein Leben verändern könnte. Und damit meine ich nicht meine eigenen Worte, sondern die von Jesus!

Also, wenn du bereit bist, zieh dich an deinen Lieblingsort zurück, wo es ruhig und gemütlich ist und wo du weder abgelenkt noch gestört wirst. Ich weiß, dass ihr viel beschäftigten Mütter und Geschäftsfrauen jetzt bestimmt sagen werdet: „Schön wär's!", aber ich denke, auch ihr könnt so einen Ort finden. Halte Zettel und Stift bereit, oder – wenn du nicht so ein Technikfossil bist wie ich – dein Smartphone oder Tablet. Sitzt du bequem? Dann lass uns anfangen.

Im letzten Kapitel habe ich Frauen mit den Blumen in Gottes „Gartenherz" verglichen. Analog dazu lautet die erste Frage, die Jesus mir stellte – und die er nun dir stellt:

1. Was ist deine Lieblingsblume?

Für die meisten von euch ist das eine einfache Frage. Andere von euch haben so viele Blumen, die sie schön finden, dass es ihnen schwerfällt, sich zu entscheiden, und natürlich mögen einige von euch Blumen auch eigentlich überhaupt nicht. Ich möchte aber niemanden von dieser geistlichen Übung ausschließen. Wenn dir das also etwas zu typisch weiblich ist, hab ein wenig Nachsicht mit mir und beantworte die Frage trotzdem. Nimm dir Zeit und bitte Jesus, dir ein Bild von einer bestimmten Pflanze zu zeigen. Es muss noch nicht einmal eine Blume sein. Schreibe ein oder zwei auf, die dir als Erstes in den Sinn kommen oder mit denen du dich am ehesten verbunden fühlst.

Meine Lieblingsblume ist: ....

....

Okay, hast du deine Blume? Wenn du sie dir zwar vorstellen kannst, aber nicht weißt, wie sie heißt, macht das gar nichts. Das Bild einer Pflanze kann ein hervorragendes Werkzeug sein, um eine tiefere Erkenntnis von Jesus zu erhalten. Du kannst im Internet nach dem richtigen Bild suchen oder wenn du kreativ begabt bist, kannst du sie auch zeichnen oder malen. Ich möchte nur, dass du dir auf irgendeine Art diese Blume bildlich vorstellst.

Hier kannst du deine Blume einkleben:

Sobald du die Blume(n) ausgewählt und wenn möglich auch ein entsprechendes Bild vorliegen hast, möchte ich, dass du über die nächste Frage nachdenkst:

2. Warum magst du diese Pflanze?

Welche positiven Gefühle ruft sie in dir hervor? Versuche, so viele positive Adjektive wie möglich zu finden. Fokussiere dich nicht so sehr auf bestimmte Erinnerungen an Menschen, Orte oder Lebensphasen. Beschreibe deine Gefühle mithilfe dieser Adjektive möglichst genau. Eine Freundin von mir suchte sich eine Schachblume (Fritillaria) aus. Es gibt kultivierte Formen der Fritillaria, aber meine Freundin liebt eine Wildblumenart dieser Blume und hat sie nur einmal in der Wildnis gesehen – ein einzelnes, feines Exemplar, das frei stehend im tiefsten Inneren des Landes wuchs. An dieser Blume gefällt ihr, dass sie gern für sich steht, und auch wenn sie weder groß noch besonders eindrucksvoll ist, fällt sie durch ihre Abgrenzung von anderen Blumen noch mehr auf, wenn man an ihr vorbeikommt.

Ich mag diese Blume, weil: ....

....

....

....

Im nächsten Schritt stellst du dir vor, dass deine Lieblingsblume *dich* darstellt. Stell dir vor, dass Jesus diese Blume vor Augen hat, wenn er dich ansieht. Nun frage Jesus, wie er über sie denkt oder was er fühlt, und frage auch unseren Vater, den Gärtner, nach seiner Meinung. Bedenke jedoch, dass du hierbei nicht festhalten sollst, was *du* denkst, sondern wie Gott diese Blumen sieht; du sollst hier entdecken, wie *er* über dich denkt und was er fühlt. Höre einfach auf seine leise Stimme und schreibe auf, was du hörst oder zu hören meinst. Meine Freundin mit der Schachblume (Fritillaria) dachte über die Eigenschaften nach, die sie mochte, und hatte schließlich den Eindruck, dass Gott an ihr das Bedürfnis, manchmal allein zu sein, schätzte. Besonders gern hielt sie sich in der Natur auf. Sie erkannte: Es war ein Teil dessen, wofür sie geschaffen worden war, und dieser Teil ihres Charakters war nicht einfach eine unsoziale, selbstsüchtige Haltung, wie sie oft vermutet hatte. Sie hatte auch den Eindruck, dass er sie auffällig originell in ihrer Art zu denken geschaffen hatte, und dass er das sehr gern in ihr sieht.

3. Wie denken Jesus und unser Vater, der Gärtner, über meine Lieblingsblume und was empfinden sie dabei?

Jesus: ....
....
....
....

Unser Vater, der Gärtner: ....
....
....
....

Denke daran: Was du von Gott hörst, wird ihn immer ehren und dich ermutigen. Alles, was dich erniedrigt, grausam klingt oder dich nicht näher zu Gott hinzieht, kommt nicht von ihm.

Auch wenn dir diese Übung schwerfällt, betrachte sie nicht als Zeitverschwendung. Ich weiß aus eigener Erfahrung, wie lebensverändernd die Antworten sein werden. Lass dir beim Hören helfen – vielleicht von einer engen Freundin, einem weiblichen Familienmitglied oder eine Seelsorgerin, die dich dabei begleiten, im Hören auf die verborgenen Orte deines Herzens zu stoßen und die unendlichen Tiefen von Gottes Gartenherz auszuloten.

Vielleicht interessiert dich, wie meine Antworten aussehen. Zu jener Zeit, als ich diese Erfahrung im Gebet das erste Mal machte, hatte ich eine sehr engstirnige Vorstellung von der Art Frau, die Gott gebraucht. Alle christlichen Leiterinnen, die ich in Gemeinden oder auf Konferenzen sah, waren für gewöhnlich schön, feminin, hatten perfekt manikürte Nägel – und vor allem waren sie schlank. Und ich hatte das Gefühl, dass ich all diese Dinge eindeutig nicht war oder nicht hatte. Daher nahm ich an, dass mich das wohl von jedem öffentlichen Amt ausschloss. Trotzdem hatte ich tief in mir den Wunsch, anderen Frauen davon zu erzählen, dass Jesus sie liebt, für sie gestorben und auferstanden ist und ihnen ewiges Leben schenken möchte. Etwas in mir wollte Frauen Mut machen, dass das Leben wert war, gelebt und nicht nur ertragen zu werden. Doch so, wie ich aussah, hatte ich wohl eher schlechte Chancen dazu.

Die Antwort auf die Frage nach meiner Lieblingsblume war einfach. Ich liebe Magnolien (das ist die Blume auf dem Buchcover, falls du nicht genau wissen solltest, wie sie aussehen). Sie ist sogar das Logo für das Unternehmen, das mein Mann und ich führen. Warum gefallen sie mir so sehr? Die Antwort ist einfach: Sie sind groß und schön; sie wirken sehr imposant, doch gleichzeitig sind sie auch so empfindlich, dass starker Regen alle Blütenblätter vom Stängel lösen kann.

Als ich über meine Blume nachdachte und mich auf das Bild von ihr konzentrierte, hörte ich, wie der Vater mir tief ins Herz sprach. Abba-Vater sagte mir, wie er diese Blume – mich – sieht: „Mandy, eine Magnolie ist groß, das stimmt. Sie wurde geschaffen, um aus der Menge hervorzustechen; sie versteckt sich nicht, sie ist nicht verborgen und in ihrer Schönheit steht sie aufrecht und kühn, sodass alle sie sehen können. Selbst von weit weg kann man ihre Schönheit sehen. Sie ist wunderschön!"

Dann zeigte Jesus mir vor meinem inneren Auge die besonderen, individuellen Eigenschaften dieser Blume. Er war begeistert von ihren Feinheiten, die sie trotz ihrer Größe besaß. Sie hat eine sanfte, zarte Farbe. Einen starken Duft hat sie nicht nötig; ihre physische Erscheinung reicht aus, um anziehend zu wirken.

Spürst du, wie sich bei dieser Übung etwas in deiner Seele regt? Hörst du, wie tief die Liebe des Vaters zu dir, seiner individuellen Schöpfung, ist? Kannst du hören, was Jesus tatsächlich über dich denkt und für dich empfindet? Hast du erkannt, was unser Vater, der Gärtner, in dich hineingelegt hat, noch bevor du geboren wurdest – die Gedanken und Gefühle, die du in Bezug auf dich selbst bereits hast, aber bisher nicht wahrgenommen hast? Seine Worte sind wahr.

Lass die Antworten, die du empfangen hast, lass diese Wahrheiten tief in dein Herz sinken. Nimm dir Zeit, dich selbst so zu sehen, wie er dich sieht. Du bist schön! Du spiegelst seine Schönheit wider. Du bist einzigartig; eine Blume wie dich gibt es in der ganzen Schöpfung kein zweites Mal. Es gibt einen Platz im Garten des Vaters, den nur du ausfüllen kannst. Setze deinen Namen dort ein, wo der Name der Blume steht, und sprich dir laut die Worte zu, die du aufgeschrieben hast. Öffne das neue Paar Augen, das dir geschenkt worden ist, und staune darüber, wer du wirklich bist. Möge Gott jede Form von Selbsthass von dir nehmen und dich heute seine Liebe spüren lassen. Wenn Gott durch diese Übung zu dir gesprochen hat, kannst du darauf mit folgenden Worten reagieren:

„Ich danke dir, dass du mich so herrlich und ausgezeichnet gemacht hast! Wunderbar sind deine Werke, das weiß ich wohl."

PSALM 139,14

Es wird etwas dauern, bis du dich mit diesen neuen Augen auf den Weg machst. Vielleicht stolperst du dabei. Vielleicht hast du wie ich viele Jahre voll negativer Gedanken, hässlicher Erinnerungen und Erfahrungen hinter dir, die deine Seele und dein Selbstbild geformt und geprägt haben. Doch in Jesus Christus liegen diese Gedanken hinter dir. „Das bedeutet aber, wer mit Christus lebt, wird ein neuer Mensch. Er ist nicht mehr derselbe, denn sein altes Leben ist vorbei. Ein neues Leben hat begonnen!" (2. Korinther 5,17). Deine Vergangenheit darf keinen Raum mehr in deiner Zukunft einnehmen. Vielleicht musst du dich von den schrecklichen Namen lossagen, die du dir selbst gegeben hast. Sie gehören nicht zu deiner wahren Bestimmung als einer Tochter Gottes.

Jesus kann uns in dieser Hinsicht nicht nur individuell segnen und freisetzen. Seit er meine Augen geöffnet hat, damit ich meine eigene Schönheit sehen kann, bin ich auch in der Lage, die Schönheit der Frauen in meinem Umfeld zu sehen und zu schätzen. Es verändert meine Beziehungen. Und nicht nur die zu den Frauen in meinem unmittelbaren Umfeld – zu meinen Töchtern, meiner Mutter und meinen Freundinnen –; dieser „Dienst der Blumen" hilft mir, Vorurteile und falsche Meinungen über jede Frau, der ich begegne, sofort auszusortieren. Die meisten Frauen müssten wohl ehrlicherweise zugeben, dass sie die größten Kritiker anderer Frauen sind. Wir stehen uns selbst am meisten im Weg und beteiligen uns oft am Werk des Teufels, indem wir nicht nur die Schönheit in uns selbst kaputt machen, sondern auch in anderen. Wir können oft nicht anders, als die Frauen, denen wir begegnen, zu bewerten – entweder erheben wir uns stolz über diejenigen, die unserer Meinung nach weniger gut aussehen, oder baden in Selbstmitleid und Neid wegen der Frauen, die uns annehmbarer oder attraktiver erscheinen oder mehr Sex-Appeal haben.

Meine älteste Tochter Georgia liebt Wasserlilien. Ich finde das hochinteressant, denn diese Blumen haben ähnliche Eigenschaften wie Magnolien. (Ich weiß, dass die meisten Töchter sich dagegen sträuben, mit ihrer Mutter verglichen zu werden, aber für mich war es etwas Wunderbares, unsere Ähnlichkeiten zu bemerken!) Die Lieblingsblume meiner jüngeren Tochter Sydney wiederum ist das Hasenglöckchen. Ihre Blume blüht auf, wenn sie sich in ihrer natürlichen Umgebung mit zahlreichen anderen ihrer Art befindet, wie in den Blumenteppichen, die im Frühling die englischen Wälder bedecken. Ihrer eigenen Aussage zufolge liebt Sydney es, mit anderen Menschen zusammen zu sein, und blüht auf, wenn sie anderen hilft …

Das überraschendste Ergebnis dieses „Blumendienstes" war wohl das, was Jesus mir über meine eigene Mutter zeigte. Wie viele Mutter-Tochter-Beziehungen ist auch unsere recht kompliziert und ich habe sie nicht immer als den Menschen geschätzt, der sie ist. Meine Mutter hat zwei Lieblingsblumen. Die erste ist eine Tropenpflanze: Die Anthurium oder Flamingoblume hat eine rote, wächserne, herzförmige Blüte mit einer großen zungenähnlichen Form in ihrer Mitte. Menschen, die meiner Mutter nahestehen, wissen um ihr großzügiges Wesen. Sie hat das Herz auf dem rechten Fleck und sie sorgt sich mehr um andere als um sich selbst. Doch in ihr gibt es diese kleine Rebellin, wie ein kleines Mädchen, das der Welt verschmitzt die Zunge herausstreckt, genauso wie die Zunge im Herzen ihrer Lieblingsblume. Ja, das ist meine Mutter, wie ich sie kenne! Ihre zweite Lieblingsblume ist eine Orchideenart. Als sie mir erklärte, warum sie sie so liebt, machten ihre Worte mich sprachlos. Sie sagte: „Du musst ins Innere schauen, um ihre Schönheit zu sehen!" Diese Aussage traf mich völlig unvorbereitet. Es war, als würde Jesus zu mir sagen: „Mandy, du musst tief ins Innere deiner Mutter schauen, um die Schönheit zu sehen, die ich dort hineingelegt habe." Diese wahre und aufschlussreiche Aussage hat mich demütig werden lassen. Jetzt sehe ich deine innere Schönheit, Mum, und ich liebe dich!

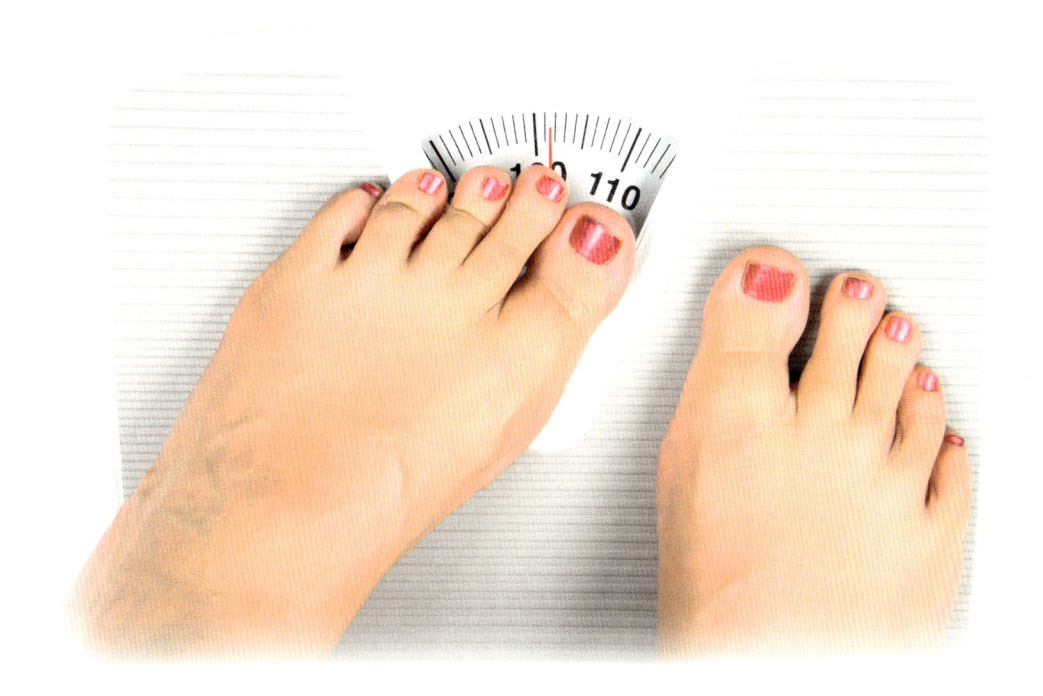

KAPITEL 6

„Oh, du hast ja ganz schön zugelegt!"

Es geschah während unseres lang ersehnten Urlaubs auf einer Karibikinsel. Das warme Meer schimmerte türkisfarben und die Wellen schlugen sanft auf den menschenleeren Strand auf. Es war früh an einem Sonntagmorgen, als ich mit meinem Mann und seinen Eltern in die hiesige Kirche ging. Der Wind wehte sacht durch die Blätter der Kokosnusspalmen. Es fühlte sich an wie der Himmel auf Erden.

Dann betraten wir das kühle Innere des schlossähnlichen Steingebäudes und suchten uns einen Platz in den blitzblanken Kirchenbänken. Das Leben war herrlich und meine

Welt war in Ordnung – bis ich diese Worte hörte, die sich den Weg durch den Mittelgang genau in meine Richtung bahnten: „Oh, du hast ja ganz schön zugelegt!"

In einem einzigen Augenblick war mein kleines Paradies durch einen einfachen Satz zerstört worden.

Diese Begebenheit ereignete sich, als wir zum ersten Mal gemeinsam Keiths Eltern Ken und Linda besuchten, die sich auf St. Vincent/Grenadinen zur Ruhe gesetzt hatten, einer kleinen Insel, die nicht weit entfernt von der beliebten Touristeninsel St. Lucia liegt. Die Frau, die diese Wort aussprach, war vor vielen Jahren auf unserer Hochzeit gewesen und hatte die Gelegenheit nutzen wollen, um uns vor dem Beginn des Gottesdienstes noch schnell zu begrüßen. Und was das für eine Begrüßung gewesen war! Die meisten Leute hätten wohl einfach diesen sicherlich zutreffenden Gedanken für sich behalten, aber aus dieser Frau platzte er einfach heraus, ohne dass sie sich Gedanken um höfliche Umgangsformen oder seine emotionale Wirkung auf mich gemacht hätte. Für mich war es wie ein Schlag ins Gesicht. Ganz sicher will keine Frau solche Worte hören!

Vielleicht kennst du jemanden, der schon einmal eine Frau gefragt hat: „Und, wann ist es so weit?", ohne sich etwas dabei zu denken, und der dann feststellen musste, dass sie *nicht schwanger* war. Ganz schön peinlich – und wir sprechen hier nur von der Person, die die Frage gestellt hat. Wenn du auch schon einmal eine solche Situation erlebt hast, weiß ich genau, wie du dich gefühlt hast. Ich hatte ein ähnlich unangenehmes Erlebnis. Ein Pfarrer, der mit meinem Mann befreundet war, kam auf einer Konferenz auf uns zu. Er gratulierte uns zu dem zu erwartenden Neuankömmling, hielt dann jedoch inne, warf einen zweiten Blick auf mich und hätte seine Worte am liebsten zurückgenommen. Der arme Mann sah mir in die Augen und wusste, dass ich wusste, was er dachte. Ich fühlte mich bis auf die Knochen blamiert und hatte das Gefühl, die Last meiner Schuldgefühle sei auf einen weiteren Zentner angewachsen. Ich bin mir sicher, dass viele von uns ähnlich peinliche Geschichten erzählen können – ganz abgesehen von denen unter uns, die absichtlich durch hässliche Worte verletzt wurden.

Hier nun ein weiterer Auszug aus meinem Gebetstagebuch. Irgendwann kam Gott darauf zu sprechen, dass ich mehr um mich und meine eigene Wahrnehmung besorgt war, als mich um Gottes Sicht von mir zu kümmern. Während ich in meiner Gartenlaube saß und dort an einem herrlich sonnigen Nachmittag in mein Tagebuch schrieb, schenkte mir der Heilige Geist ein Bild von einem altmodischen Jahrmarkt, auf dem es große Karussells, Fahrgeschäfte und weitere Attraktionen gab. So half er mir zu sehen, was Gott mir zeigen wollte.

Das Spiegelkabinett – Betrug und Lügen

TAGEBUCHEINTRAG JUNI 2007

Ich schließe meine Augen und Gottes Geist zeigt mir ein Bild, wie ich mit Jesus auf einem Jahrmarkt unterwegs bin. Das Glitzern des Schildes über dem Spiegelkabinett zieht mich magisch an. Ich kann sehen, dass dort bereits Leute durch ein Labyrinth von Spiegeln wandern. Es scheint ihnen Spaß zu machen und ich will auch dort hineingehen. Zunächst zögere ich, aber dann überlege ich kurz und denke, es ist schon okay – es ist nicht so beängstigend wie eine Achterbahn. Ich kann dort reingehen, mir ansehen, wie es drinnen aussieht, und wieder herauskommen, wann immer ich will.

Also lasse ich die Hand von Jesus los und denke gar nicht daran, ihn nach seiner Meinung zu fragen. Ich gehe durch das Drehkreuz und betrete das Labyrinth. Dabei fühle ich mich vollkommen sicher; ich kann immer noch Jesus sehen, der vor dem Eingang auf mich wartet. Er steht direkt auf der anderen Seite des Spiegels. Ich kann auch den Ausgang am Ende des Labyrinths erblicken. Es sieht so einfach aus – ich muss nur meinen Weg hindurch bis zum Ende finden. Das Labyrinth besteht aus Glas- und Spiegeltüren. Ich öffne eine Tür und hinter ihr befindet sich ein Raum mit weiteren Türen, zwischen denen ich wählen kann. *Ja,* sage ich zu mir selbst, *geh einfach in die richtige Richtung und dann bist du in Nullkommanix wieder draußen.* Also gehe ich durch eine zweite Tür und lande in einem Flur voller Spiegel. Während ich an ihnen vorbeigehe, bemerke ich, dass meine Umrisse in den nach außen und und nach innen gewölbten Spiegeln, die an den Wänden hängen, verzerrt werden. Ich lache über die Veränderungen, die ich an mir sehe – in einem Spiegel habe ich einen langen Hals, einen winzigen Kopf und ganz kurze Beine. Ich laufe von Spiegel zu Spiegel und versuche dabei, einen zu finden, der mich zu der Frau macht, die ich gern wäre – wie ich gern in echt auch aussehen würde. Wäre es nicht toll, wenn die Leute mich so sähen, wie ich es mir erträumt habe – groß, schlank und mit langen Beinen?

Diese Spiegel stehen für die unrealistischen Erwartungen von Menschen in unserer Welt, wie wir aussehen sollten, und ebenso für unser eitles Verlangen, von anderen Menschen angenommen zu werden. Wir alle wissen, dass im wirklichen Leben sogar die Computerbilder der angesagtesten Models noch digital aufbereitet werden, um dem höchsten Idealbild zu entsprechen.

Dann komme ich zu einem normalen Spiegel, wo ich mich meinem wirklichen Spiegelbild gegenübersehe. Oh, wie enttäuscht ich aussehe. Angewidert wende ich mich ab. Dick, hässlich und obendrein noch ein schielendes Auge! Dann höre ich, wie Jesus so klar und deutlich zu mir spricht, als stände er direkt neben mir: „Mandy, du bist schön, meine Geliebte."

„Wie schön du bist, meine Freundin, wie schön!"

HOHELIED 4,1

Ich sehe mir mein Spiegelbild noch einmal an.

„Wie kannst du mich schön nennen, Herr?", frage ich.

„Du bist hässlich, dick und nutzlos", faucht mich der Spiegel an und quält mich wie ein kleiner Tyrann auf dem Spielplatz. Ich schließe meine Augen, damit ich mein Spiegelbild nicht mehr sehen muss. Dann höre ich wieder Jesus sprechen, diesmal allerdings zu jemandem, den ich nicht sehen kann:

„Ihr habt den Teufel zum Vater, und ihr tut mit Vorliebe die bösen Dinge, die er tut. Er war von Anbeginn an ein Mörder und hat die Wahrheit immer gehasst. In ihm ist keine Wahrheit. Wenn er lügt, entspricht das seinem Wesen, denn er ist ein Lügner und der Vater der Lüge."

JOHANNES 8,44

Ich fühle mich auf einmal eingeengt, also suche ich nach dem Ausgang. Ich drücke gegen eine Tür, aber sie lässt sich nicht öffnen. Erneut drücke ich dagegen. Ich kann den Ausgang schon sehen, aber ich weiß nicht, wie ich dorthin komme. So versuche ich es bei einer anderen Tür, doch auch die bewegt sich nicht. In mir steigt Panik auf und ich versuche, mich wieder zu beruhigen.

„Ich komme hier schon wieder allein raus", sage ich, „es ist doch leicht."

Oh, diese Selbstgespräche! Warum bestehe ich darauf, mir selbst zuzuhören? Immer will ich meinen eigenen Weg nehmen, und immer laufe ich dabei in die falsche Richtung.

„Vor jedem Menschen liegt ein Weg, der richtig zu sein scheint, aber dennoch in den Tod führt."

SPRÜCHE 14,12

Das Gefühl der Verlorenheit ist sehr beunruhigend; obwohl ich Jesus sehen kann, der der Weg hinaus ist, kann ich von selbst nicht zu ihm gelangen. Ich kann zwar den Weg sehen, den ich nehmen muss, aber ich werde von meinen eigenen Entscheidungen geblendet. Nun bin ich verzweifelt und versuche, mich wieder zu beruhigen, damit ich klar denken kann. Ich erinnere mich daran, dass man immer nach rechts gehen muss, wenn man aus einem Labyrinth herauszukommen möchte … oder war es links?

„Hilf mir, Herr!", rufe ich.

Ich schaue hoch und durch meine Tränen hindurch sehe ich in einer der Spiegeltüren das verschwommene Bild von Jesus. Wieder spricht er mit mir, nennt mich beim Namen und erinnert mich an etwas:

„Jetzt sehen wir die Dinge noch unvollkommen, wie in einem trüben Spiegel, dann aber werden wir alles in völliger Klarheit erkennen. Alles, was ich jetzt weiß, ist unvollständig; dann aber werde ich alles erkennen, so wie Gott mich jetzt schon kennt."

1. KORINTHER 13,12

„Wenn ihr euch nach meinen Worten richtet, seid ihr wirklich meine Jünger. Ihr werdet die Wahrheit erkennen, und die Wahrheit wird euch frei machen."

JOHANNES 8,31B-32

Seine Worte gehen mir durch Mark und Bein, und ich weiß, wenn ich seiner Stimme, seinem Weg weiter folge, werde ich sicher nach Hause kommen. Ich verlor die Orientierung, als ich den Ansichten, Maßstäben und Urteilen der Welt um mich herum Glauben schenkte; doch nun weiß ich, dass es alles nur Lügen und Verzerrungen waren. Der Einzige, der mich sowohl leiten als auch richten kann, ist Jesus. Nur noch ein paar Schritte, und ich entkomme dem Labyrinth. Ich stolpere durch das Drehkreuz, direkt in die offenen Arme von Jesus hinein, und fühle mich so sicher wie ein Lamm in den Armen des Hirten. Sanft flüstert Jesus mir ins Ohr:

„Wir alle gingen in die Irre wie Schafe. Jeder ging seinen eigenen Weg. Doch ihn ließ der Herr die Schuld von uns allen treffen."

JESAJA 53,6

„‚Meine Gedanken sind nicht eure Gedanken', sagt der Herr, ‚und meine Wege sind nicht eure Wege. Denn so viel der Himmel höher ist als die Erde, so viel höher stehen meine Wege über euren Wegen und meine Gedanken über euren Gedanken.'"

JESAJA 55,8-9

Herr, ich sündige jedes Mal, wenn ich meine eigenen Wege gehe und denke, dass ich es besser weiß. Ich kann wirklich über mich selbst sagen:

„Wenn wir sagen, wir seien ohne Schuld, betrügen wir uns selbst und die Wahrheit ist nicht in uns."

1. JOHANNES 1,8

Herr, du hast mich vom Lohn meiner Sünde befreit:

„Denn der Lohn der Sünde ist der Tod; das unverdiente Geschenk Gottes dagegen ist das ewige Leben durch Christus Jesus, unseren Herrn."

RÖMER 6,23

Herr, lass mich durch deinen Heiligen Geist mein Ohr ganz auf deine Stimme ausrichten, damit ich die Wahrheit darüber höre, wie du mich siehst, was du für mich empfindest und was du über mich denkst. Hilf mir, jeden Tag nicht meinem Weg, sondern deinem zu folgen.

Dieses Erlebnis hier wiederzugeben, lässt mich wieder neu über das Interesse von Jesus an jedem Detail unseres täglichen Lebens staunen. Er ist selbst in solchen Zeiten noch an uns interessiert, in denen wir unseren eigenen Weg gehen, weil wir meinen, wir wüssten es besser. Er möchte nicht nur an den großen Dingen unseres Lebens beteiligt sein, sondern er sehnt sich von Herzen danach, uns bei jedem Schritt unseres Weges zu begleiten. Vielleicht können wir mit diesem Gedanken im Hinterkopf in der nächsten Zeit öfter innehalten und nach seiner Meinung fragen. Wenn wir das tun, dürfen wir uns sicher sein, dass wir uns nicht verlaufen werden.

Wenn ich einfach in der Bibel lese, erlebe ich Gott genauso wie beim Beten. Oft habe ich das Gefühl, dass ich meine Beziehung zu Jesus eher unbeständig lebe. Trotzdem versuche ich immer wieder, die Bibel regelmäßig zu lesen und zu studieren. Dort heißt es, dass sich Weisheit zwischen ihren Seiten findet; und an einem bestimmten Tag stellte ich fest, dass ein Teil der Heiligen Schrift sich direkt darauf bezog, wie ich meinen Körper sehe und behandle und wie ich mit Essen umgehe. Für mich war das damals eine große Überraschung. Mit einem bestimmten Abschnitt aus dem 1. Korintherbrief hatte ich nämlich jahrelang auf Kriegsfuß gestanden, besonders mit dem Satz: „Oder wisst ihr nicht, dass euer Leib ein Tempel des Heiligen Geistes in euch ist, der in euch lebt und euch von Gott geschenkt wurde?" (6,19). Diese Worte waren für mich wie ein Urteilsspruch. Jedes Mal, wenn ich meinen Kampf mit dem Essen und meinem Körper vor Gott brachte, kam mir dieser Satz in den Sinn. Und für mich lautete er eigentlich so: „Weißt du nicht, du Idiotin, dass dein Körper ein Tempel des Heiligen Geistes ist? Schau dir doch nur an, was du damit gemacht hast und ihm immer noch antust!" Ich glaubte der Lüge, dass ich weniger Ich werden müsste – und zwar wortwörtlich –, wenn ich ein besseres Ich werden wollte.

Zum Glück habe ich mit der Zeit gelernt, die Stimme Gottes deutlicher zu hören und den Unterschied zwischen seiner Stimme und meiner Seele auszumachen. Und, was vielleicht noch wichtiger ist, ich begreife allmählich, wie Satan seine umfassende Kenntnis der Bibel für seine eigenen zerstörerischen Zwecke nutzt. Er ist wirklich der Dieb, der in unser Leben kommt, um zu rauben, zu morden und zu zerstören (vgl. Johannes 10,10). Er ist darauf versessen, uns zu schaden, und dazu möchte er uns von unserer einzig vollkommenen, ewigen Quelle für Liebe und Leben fortlocken. Im Gegensatz zu ihm benutzt Jesus die Bibel nur, um uns liebevoll die Wahrheit zu zeigen. Sanft deckt er den Selbstbetrug auf, der unsere Sicht trübt, und zeigt uns die Realität, die uns demütig erkennen lässt, wie abhängig wir von ihm sind.

So oft sind Frauen durch eine falsche Auslegung der Bibel verurteilt worden, besonders mithilfe der Lehren des Apostels Paulus. Ich habe sogar schon Frauen sagen hören, dass Paulus ein Frauenhasser war! Mir erscheint das sehr abwegig – und doch kann ich es nachvollziehen, da Bibelverse so häufig aus ihrem historischen und kulturellen Kontext herausgerissen werden und so die eigentliche Bedeutung verzerrt wird. Damit meine ich nicht, dass alles, was in der Bibel steht, einfach zu verstehen oder umzusetzen wäre – viele Abschnitte bleiben selbst den fachkundigsten Theologen ein Rätsel. Ich will damit sagen: Wenn du so wie ich bestimmte Teile von Gottes Wort wie die Pest meidest, dann bitte doch Jesus, dir eine neue Sicht auf diese Verse zu schenken und dir zu zeigen, was er dir durch sie zu sagen hat. Ich glaube fest daran, dass du so überrascht sein wirst, wie ich es war.

Okay, und nun zurück zu der Lektion, die ich als oft widerwillige Schülerin gelernt habe. Ich las die Worte, die vor dem Abschnitt über den „Tempel des Heiligen Geistes" stehen:

„Mir ist alles erlaubt. Aber nicht alles ist gut. Es ist mir zwar alles erlaubt, doch ich will mich von nichts beherrschen lassen. Ihr sagt: ‚Das Essen ist für den Bauch da und der Bauch für das Essen.' Richtig. Doch vor Gott ist beides vergänglich. Unser Körper wurde aber nicht zur Unzucht geschaffen. Er ist für den Herrn bestimmt, und der Herr sorgt für ihn."

1. KORINTHER 6,12-13

In diesem Abschnitt geht es eigentlich um sexuelle Unmoral, aber Jesus benutzte sie, um mit mir über meine Beziehung zum Essen zu sprechen. Als ich im Gebet auf ihn hörte, hatte ich den Eindruck, dass er mir drei einfache Fragen in Bezug auf mein Verhältnis zum Essen stellte. Mögen diese drei Fragen für diejenigen unter euch, die auf ähnliche oder ganz andere Weise mit Essen und dem Bild ihres Körpers zu kämpfen haben, ebenso zur Heilung führen.

1. Wenn ich dir jede Art von Essen erlaube, wählst du dann das Essen, das gut für dich ist?

In meinem Fall musste ich traurigerweise sagen: „Nein, nicht immer." Ich habe sowohl zu viel als auch zu wenig gegessen. Ich bin eine wahre Königin der Diäten und habe mich der Folter der meisten bekannten Diäten unterworfen – seien es flüssige Nahrungsergänzungsmittel, Kohl bis zum Abwinken oder proteinlastige Gaumenfreuden. Ich meldete mich sogar freiwillig als Versuchskaninchen für neue Diätmethoden. Doch nichts half. Ich weiß, dass du das wahrscheinlich schon gehört hast, aber ich sage es noch einmal: Diäten funktionieren nicht. Es ist nun mal die grundlegende Wahrheit, dass man mehr Kalorien verbrennen muss, als man zu sich nimmt. Einfach ausgedrückt: Iss weniger und beweg dich mehr.

2. Beherrscht dich das, was du essen willst?

Man könnte diese Frage auch so formulieren: „Kann ich Nein zu meiner Seele und meinem Körper sagen, wenn sie sich nach Eis, Chips oder Schokolade sehnen?" Am Sonntagmorgen habe ich im Gottesdienst noch erklärt, dass ich mehr als ein Überwinder bin, und am Nachmittag werde ich bereits von einem Stück Apfelkuchen und Sahne besiegt! Doch ernsthaft, Esssucht ist genau das – eine Sucht. In gewisser Weise ist sie sogar eine der schlimmsten Süchte, auch wenn wir viel weniger darüber hören als über Drogen-, Alkohol-, Sex- und Spielsucht. Im Gegensatz zu anderen Süchten können wir nicht einfach aufhören, das zu uns zu nehmen, wovon wir abhängig sind – wir müssen essen, um zu überleben. Ist diese einfache Frage von Jesus daher nicht wirklich gut?

3. „Das Essen ist für den Bauch und der Bauch ist für das Essen da." Was ernährst du – deinen Körper oder deine Seele? Ist Essen für dich einfach nur eine Ersatzbefriedigung und füllt einen Mangel aus? Isst du, wenn du frustriert, wütend, müde oder gelangweilt bist?

Ich habe aus diesen und vielen weiteren Gründen gegessen. Wenn du weißt, dass du aus allen möglichen Gründen isst, die nichts damit zu tun haben, deinen körperlichen Hunger zu stillen, möchte ich dir liebevoll dazu raten, innere Heilung zu suchen. Meine südafrikanische Freundin Amanda Buys bietet für diesen Prozess umfassende Hilfestellung an.[10]

Während ich diese Zeilen schreibe, reduziere ich langsam mein Gewicht. Aktuell wiege ich über hundert Kilogramm, daher kann ich nicht behaupten, dass ich hier die Geschichte erzähle, wie ich auf eindrucksvolle Weise schlank und rank wurde. (Tut mir leid, aber ich habe leider keines dieser Bilder, auf denen ich mit beiden Beinen in einem gigantischen Hosenbein stehe.) Ich bin also ganz ehrlich, wenn ich sage, dass ich mich in einem Prozess befinde und auf dem Weg zu einer ausgeglichenen Gesundheit bin. Oft mache ich zwei Schritte vorwärts und gehe dann wieder einen zurück, aber es geht doch stetig voran, weil Gott es ist, der mich zieht und anfeuert. Er spornt mich an, ermutigt mich unterwegs und läuft neben mir her.

Oh Essen, herrliches Essen! Der Genuss eines wunderbaren Essens mit der Familie oder Freunden kann sich so existenziell anfühlen, aber ich glaube, es gibt Grenzen, die Gott bei Essen und auch Sex setzt. Beides sollten wir genießen, auskosten und feiern, aber dieser Genuss ist nur zweitrangig im Vergleich zu ihrem eigentlichen Zweck. Gott ist ein Gott des doppelten Segens: Sex war gedacht für die Fortpflanzung der Menschen, und zwar innerhalb der Ehe, Gottes sicherem Rahmen; Essen wurde für die Erhaltung unseres Körpers geschaffen, und zwar innerhalb der Grenzen einer ausgewogenen Ernährung. Auf beide Dinge trifft zu, dass sie außerdem ein echtes Vergnügen sein können. Doch jedes Mal, wenn wir uns außerhalb der Grenzen bewegen, die Gott gesetzt hat, werden wir letztlich selbst verletzt oder verletzen andere. Der Schmerz, den wir uns oder anderen zufügen, kann mit Missbrauch verglichen werden. Du wurdest *nicht* geschaffen, um missbraucht zu werden. Ich will das noch einmal deutlich sagen: *Du* wurdest *nicht* geschaffen, um geistlich, emotional oder körperlich missbraucht zu werden. Es ist wichtig, dass wir diese Tatsache anerkennen.

Wir sind alle gleich, aber doch unterschiedlich geschaffen. Ich sollte nicht so wie alle anderen Frauen aussehen. Vor vielen Jahren machte ein Freund folgende scherzhafte Bemerkung über mich: „Mandy, du bist für Gemütlichkeit und nicht für Geschwindigkeit geschaffen." Ich habe das nicht als Beleidigung aufgefasst – im Gegenteil, inzwischen mag ich seine Beschreibung von mir und ich glaube, dass er dadurch Gottes Wahrheit über mich aussprach, die sich erst noch erfüllen sollte (obwohl er kein Christ war), und eines Sonntags wurde ich darin auch bestätigt.

Wie ich bereits gesagt habe, bin ich eine sehr füllige Frau. Ich eigne mich daher definitiv mehr fürs Rodeln als fürs Skifahren.

Keith und ich gehören zu einer Gruppe, die von unserer Gemeinde in Basel „Aaron-Gruppe" genannt wird. Wir sind eine Gruppe sehr unterschiedlicher Männer und Frauen, die der Gemeinde in unserer Eigenschaft als geistliche Mütter und Väter zur Verfügung stehen und die Gemeindeleitung unterstützen, ähnlich wie Aaron und Hur die Arme von Mose stützten (vgl. 2. Mose 17,10-12). An einem Sonntag predigten unsere Pastoren Larwin und Silvia Nickelson über Maleachi 3,24: „Er wird die Herzen der Väter ihren Kindern und die Herzen der Kinder ihren Vätern zuwenden …"

Dann forderten sie alle jungen Erwachsenen auf, nach vorn zu kommen, wenn sie Probleme mit ihren Eltern hatten und in der Beziehung zu ihnen etwas bereinigen mussten. Als Teil der „Aaron-Gruppe" ging ich nach vorn, um mit diesen jungen Leuten zu beten und stellvertretend den Platz ihrer Eltern einzunehmen, die entweder nicht da sein konnten oder wollten. Wahllos entschied ich mich, auf eine hübsche junge Frau zuzugehen, die ihre Augen geschlossen hatte. Ich fragte Gott kurz, was dieses Mädchen brauchte und was ich tun sollte. Ich hatte den Eindruck, dass ich sie einfach nur in den Arm nehmen sollte. Das war keine schwere Übung – ich liebe es, Umarmungen zu verteilen und umarmt zu werden. Als ich diese junge Frau festhielt und mit ihr betete, weinte sie hemmungslos. Eine lange Zeit hielt ich sie einfach nur fest in meinem Arm. Erst nach dem Ende des Gottesdienstes hatten wir die Gelegenheit, über das zu sprechen, was sie erlebt hatte. Was sie mir sagte, haute mich förmlich um. Sie erzählte von ihrer anfänglichen Enttäuschung, dass eine Frau auf sie zugekommen war, um mit ihr zu beten. Sie hatte Probleme mit ihrem Vater und daher Gott gebeten, dass er ihr anstelle ihres Papas einen starken Mann schicken möge. Sie sagte, es sei der Kontakt mit meiner beachtlichen Oberweite gewesen, der ihr zu ihrer Enttäuschung gezeigt habe, dass Gott ihr eine Frau und keinen Mann geschickt hatte. Doch dann habe diese mütterliche Umarmung ihr genug Trost gespendet, sodass sie einfach habe „loslassen" und Gott ihren Schmerz habe übergeben können.

Wie ich bereits sagte, ist unser Gott wirklich ein Gott des doppelten Segens. Er tröstete nicht nur diese junge Frau, sondern benutzte auch konkret meinen fülligeren Körper und meine Weiblichkeit, um genau das zu tun. An jenem Tag habe ich viel gelernt, und ich dankte ihm auf der Stelle dafür, dass ich die bin, die ich bin.

Wie sehe ich heute meinen Körper – seinen Tempel? Die Gegenwart des Heiligen Geistes in mir verändert mich. Manchmal zwar nur so langsam, dass es mich frustriert, aber ich werde immer wieder durch die Worte von Jesus über meinen Körper ermutigt. Als ich zu einem anderen Zeitpunkt im Gebet auf ihn hörte, vermittelte er mir folgende Perspektive: „Mandy, du hast den Körper verachtet, den ich erwählt habe, um mit meinem Geist darin zu wohnen. Erinnerst du dich nicht daran, wo ich geboren wurde? Es war eine raue Höhle, ein Ort, wo niemand sich freiwillig aufhielt. Ich habe mich euch angepasst, indem ich mein eigenes Sein begrenzte und wie einer von euch lebte; der vollkommene Gott wurde ein vollkommener Mensch. Meine Umgebung auf der Erde war bescheiden; meine heutige Umgebung im Himmel ist prächtig. Genauso verhält es sich mit meinem Leben in dir; aus den einfachen, bescheidenen Verhältnissen wirst du in jemanden verwandelt, der ähnlich prächtig ist wie ich. Ich weiß, dass es schwer für dich ist, das zu begreifen, aber bald schon wirst du es verstehen, wenn wir uns von Angesicht zu Angesicht begegnen. Ich freue mich schon so darauf, Mandy – ich kann es kaum erwarten! Schon bald wirst du es sehen – bald, meine Liebe, bald, sehr bald."

KAPITEL 7

Sein oder nicht sein ...

In der heutigen Zeit versinken Frauen auf der ganzen Welt förmlich in Geschäftigkeit. Die Erwartungen an Mütter werden immer höher; sie haben das Bild einer Superfrau vor Augen – sie managt den Haushalt und die zahlreichen Aktivitäten der Kinder und sieht dabei natürlich immer top gestylt aus. Auch auf den berufstätigen Frauen lastet ein enormer Druck – sie müssen sich enorm anstrengen, um die Karriereleiter zu erklimmen und beruflich voranzukommen. Für die Frauen, die berufstätig sind und Kinder haben, bete ich ganz besonders. Ich bete für jede Frau, egal, welche Position sie innehat oder über welchen Titel sie sich definiert, dass Jesus ihr den großen Unterschied zwischen dem trostlosen Land des Tuns und den ruhigen Ufern der Insel des Seins vor Augen führt.

Wenn du keine Ahnung hast, wovon ich hier spreche, ist das nicht schlimm – ich werde das gleich erklären! Sei unbesorgt – ich werde mit Sicherheit kein zusätzliches Gewicht auf deine Schultern legen. Ich möchte dir vielmehr anhand einer Geschichte aus meinem Leben zeigen, wie Jesus uns fortwährend zu einem Lebensstil einlädt, der für die meisten von uns so fremd ist, dass wir uns seine Existenz nicht vorstellen können oder dass wir einmal so leben.

Jesus hat gesagt: „Kommt alle her zu mir, die ihr müde seid und schwere Lasten tragt, ich will euch Ruhe schenken. Nehmt mein Joch auf euch. Ich will euch lehren, denn ich bin demütig und freundlich, und eure Seele wird bei mir zur Ruhe kommen. Denn mein Joch passt euch genau, und die Last, die ich euch auflege, ist leicht" (Matthäus 11,28-30).

Vielen von euch sind diese Worte sehr vertraut, manche von euch haben sie vielleicht noch nie gehört. So oder so – nimm dir die Zeit und lies diese Worte noch einmal. Hört sich das für dich wie eine persönliche Einladung an? Sehnt sich deine Seele danach, sie zur Realität in deinem Leben werden zu lassen – dass das nicht nur Worte bleiben, denen du vom Kopf her zustimmen kannst, sondern dass es wirklich jeden Teil deines Lebens durchdringt?

Ich bin durch und durch ein Organisationsmensch – ich bin gut im Planen und liebe es, einen Plan bis zur Erfüllung zu verfolgen. Als kleines Mädchen habe ich gern ein neues Schreib- oder Stifteset geschenkt bekommen – ein Regenbogen voller Farbstifte, die wie Soldaten darauf warteten, meine Befehle entgegenzunehmen. Bevor ich Kinder bekam, arbeitete ich als Verwaltungsangestellte am Gericht. Ich mochte meine Arbeit. Sie war so regelorientiert und papierarbeitslastig – ehrlich gesagt eine Art Himmel für mich.

In den 1990er-Jahren wurde durch die Stimmung am Markt jeder dazu ermutigt, sich selbstständig zu machen. Uns wurde erzählt, dass man das große Geld machen konnte, wenn man allein arbeitete. Und auch ich gründete mit einer Freundin ein kleines Unternehmen, das Hochzeiten plante. Zu jenem Zeitpunkt hatte ich bereits meine erste Tochter, Georgia, und Keith reiste im Rahmen seiner Tätigkeit für ein IT-Unternehmen in ganz England herum. In seiner Freizeit absolvierte er noch ein Fernstudium. Moment, welche Freizeit? Im Prinzip haben wir immer nur gearbeitet. Das Leben war nicht einfach da, um gelebt zu werden; wir versuchten immer, noch etwas Besseres zu erreichen, und glaubten, dass „besser" das Gleiche wie „mehr" bedeuten würde – mehr Geld, mehr Besitz, mehr Möglichkeiten, Einfluss auszuüben.

Im Nachhinein bin ich so dankbar, dass sich mir eine andere Art zu leben eröffnete, als ich Jesus kennenlernte. Plötzlich lag vor mir ein Leben, das gelebt werden wollte. Es war herrlich, aufregend und erfüllend. Wie ich bereits erzählt habe, lernte ich Jesus im Jahr 1998 kennen und begann damals, eine persönliche Beziehung zu ihm aufzubauen. Nach meinem Neuanfang mit Jesus war ich schnell mittendrin im Gemeindeleben. Meine Fähigkeiten waren perfekt für eine neue berufliche Aufgabe – ich wurde Gemeindesekretärin. Insgesamt arbeitete ich für fünf Gemeinden in der ökumenischen Gemeinschaft von West Swindon in Wiltshire. Ich liebte meinen Job. Als Christin, die noch ganz am Anfang stand und keinen christlichen Hintergrund hatte, musste ich vieles erst kennenlernen. Ich wusste nichts über das Gemeindeleben, lernte aber sehr rasch dazu. Besonders die Mitarbeitertreffen waren für mich hochinteressant und oft unterbrach ich die Mitglieder, um sie zu fragen, warum sie gewisse Dinge taten. Was bedeutete dieses oder jenes? Hatte Jesus diese Dinge auch getan und wenn nicht, warum taten wir sie?

Mein Vorgesetzter war ein toller Mann namens Andrew Hetherington. Er war der Pfarrer, dessen Frau Sylvia mich zur Gemeinde eingeladen hatte (wie ich bereits im ersten Kapitel erzählt habe). Er ist ein sanftmütiger, demütiger Mann, der Jesus wirklich von Herzen liebt. Er war auch der Erste, der mir beibrachte, dass es nicht um das Tun, sondern um das Sein geht. Jeden Sommer veranstaltete die Gemeinde ein Zeltlager für Kinder. Als Gemeindesekretärin war ich natürlich stark in die Organisation einbezogen.

An dieser Stelle sollte ich wohl auf Folgendes hinweisen: Ich habe keine besondere Gabe im Umgang mit Kindern, auch wenn ich selbst zwei Töchter habe. Das will ich vorausschicken, damit du besser verstehen kannst, warum die Aussicht, für eine der Kindergruppen verantwortlich zu sein, bei mir pures Entsetzen hervorrief. Um es ohne Umschweife zu sagen: Ich hasse diese Aufgabe, ich hasse sie wirklich, und ich war ziemlich verzweifelt darüber, dass ich diese Folter wohl eine ganze Woche ertragen musste.

Nach dem ersten Tag kam mein Chef auf mich zu. Ich war mir sicher, dass er mich wegen meines offensichtlichen Mangels an Enthusiasmus im Umgang mit den Kindern ermahnen würde. Stattdessen fragte er einfach: „Was machst du immer noch hier, Mandy?"

Ich war ein bisschen verwirrt und murmelte etwas wie: „Ich dachte, ich müsste hier sein."

Auf seinem Gesicht erschien ein breites Lächeln, das mich noch mehr aus der Fassung brachte, und dann fing er auch noch an zu lachen. „Nein, Mandy, von dir wird nicht erwartet, dass du alles machst!"

Ich bin sicher, man hat mir meine Erleichterung angesehen.

„Es tut mir leid", sagte ich, „das passt einfach nicht zu mir."

Ernst sah er mir in die Augen und sagte: „Mandy, von heute an bist du von jeglicher Arbeit mit den Kindern freigestellt."

„Wirklich?", fragte ich. „Meinst du das ernst? Ist das in Ordnung? Wird das akzeptiert?"

Warum haben wir nur so eine eingeschränkte Sicht von unserem eigenen Wert, als müssten wir in allem glänzen, um von den Menschen akzeptiert zu werden? Genau das ist der Unterschied zwischen Tun und Sein. Ich tat das, was ich dachte, was ich tun sollte – zu was ich mich verpflichtet fühlte. Ich befand mich auf dem Weg religiöser Erwartungen von Menschen, statt Gottes Weg für mich zu wählen.

Im Laufe der Jahre habe ich entdeckt, was Gott alles in mich hineingelegt hat, auch wenn ich auf meiner Erkundungstour oft gestolpert bin. Ich habe auf der Suche nach der Person, die ich in Jesus bin, sicherlich Fehler gemacht, aber Gott liebt mich immer noch, trotz meiner Fehler. Wenn wir mehr über uns selbst lernen, erkennen wir, dass Gott uns stärker als Partner bei dem einbeziehen möchte, was er bewirkt. Er wartet nicht darauf, bis wir perfekt sind, bevor er uns für geeignet hält, an seiner großen Geschichte mitzuschreiben.

Im Jahr 2001 zogen wir mit unserer Familie nach Basel in der Schweiz, da die Firma, für die Keith arbeitete, ihren Standort verlegte. Wir ließen uns dort nieder und wohnen nun bereits seit über zwölf Jahren hier. Wir wussten, dass Keith Gottes Arbeit gebrauchte, um uns in die Schweiz zu führen, und schon bald engagierten wir uns auch in unserem neuen Land für Gott. Wir riefen Alpha-Kurse für englischsprachige Auswanderer ins Leben. Dabei fingen wir sehr klein an und hielten zwei Mal im Jahr Kurse in unserem eigenen Haus ab. Gott war mit uns, sodass die Kurse zu groß für unser Zuhause wurden und wir in eine Kirche in Basel umzogen, die uns dafür ihre Räumlichkeiten zur Verfügung stellte.

Wir arbeiteten dabei mit in einer Gruppe, die aus Christen unterschiedlichster Konfessionen bestand. Sie alle wurden zu unseren engen Freunden. Keith und ich wurden als Eltern der Gruppe angesehen – wir leiteten das kleine Team und hatten dabei zusammen mit Gott viel Spaß. Auch wenn ich mir mit Keith die Leiterrolle teilte, fiel in meinen Aufgabenbereich vor allem das Kochen und die Organisation hinter den Kulissen. Beides konnte ich gut, aber ich sehnte mich auch danach, mit Keith vorne zu stehen und mehr mit den Gästen selbst zu tun zu haben. Im Laufe der Jahre verachtete ich meine Rolle immer mehr, die ich zu Beginn freudig und gern übernommen hatte. Im Stillen übte ich Kritik an anderen; ich hatte das Gefühl, dass meine Freunde alle ihren Spaß hatten, während ich die harte Arbeit machte. Ich wurde bitter und frustriert.

Wir beendeten unseren Frühjahrs-Alpha-Kurs kurz vor Ostern. Keith und ich leiten in unserer Gemeinde die sogenannten „Schabbat-Gruppen", die sich freitagabends treffen, wie Jesus es als Jude getan hätte. Wir essen gemeinsam, feiern das Abendmahl und segnen einander. Bei einer dieser Passahfeiern gab Gott Keith einzelne Eindrücke für jedes Mitglied unserer Gruppe. Er ging herum und segnete jeden mit einer Botschaft vom Vater. Zu mir kam er zuletzt und zögerte, bevor er mir den Eindruck weitergab. Ich weiß noch, dass er als Erstes sagte: „Mandy, dieses Wort von Gott ist als Ermutigung gemeint." Und so sagte Gott mir durch meinen Mann: „Was nützt es, die ganze Welt zu gewinnen, aber dabei an der eigenen Seele Schaden zu nehmen oder sie zu verlieren?" (Lukas 9,25).

Ich war gelinde gesagt nicht sehr begeistert. Mein armer Mann sah mich etwas verlegen an und sagte: „Das sind nicht meine Worte – das ist das, was Gott mir für dich gab. Es soll dich ermutigen!"

Wir sprachen nicht weiter darüber – aber den ganzen Sommer über begleiteten mich diese Worte. Sie waren immer präsent und warteten darauf, dass ich mich mit ihnen auseinandersetzte, mit dem Vater darüber sprach und mich von ihnen verändern ließ. Ich wusste tief in meinem Inneren, dass Gott meine Haltung in Bezug auf den Alpha-Kurs ansprach. Im Stillen hatte ich eine Märtyrerhaltung entwickelt, die mich innerlich kaputtmachen würde, wenn ich nichts dagegen unternahm. Anstatt dem Vater in Demut zuzustimmen, beschloss ich, seinen recht deutlichen Hinweis zu ignorieren, dass ich besser nicht mehr bei dem Alpha-Kurs mithelfen sollte. Damit missachtete ich letztlich nicht nur seinen Rat, sondern ihn selbst und versuchte, die ganze Sache geistlich wegzuerklären. Im Herbst hatte ich mich selbst davon überzeugt, dass ich „die zweite Meile gehen" und meine Probleme mit dem Alpha-Kurs überwinden musste.

Dieser Herbstkurs wurde mit so viel Liebe und Gebet wie immer vorbereitet. Leute lernten durch ihn Jesus kennen und luden ihn in ihr Leben ein. Doch für mich war der Kurs schrecklich und ich fühlte mich nur noch elend. Was ich vor all den Jahren mit viel Begeisterung begonnen hatte, was mir Freude und Frieden bereitet hatte, empfand ich nur noch als Arbeit, Arbeit und nochmals Arbeit, die mir keinen Spaß mehr machte. Jede Woche kämpfte ich damit. Ich wurde immer ärgerlicher, weil ich durch meine „falsche Brille" meinte wahrzunehmen, dass mir niemand half, und dies zeigte sich auch in meinem Umgang mit den übrigen Teammitgliedern. Meine Unzufriedenheit äußerte sich darin, dass meine Aufmerksamkeit nachließ und ich nicht wie sonst alles penibel genau organisierte. Ich wusste genau, dass ich nachlässig wurde, aber es war mir egal. Im Klartext: Ich war eine „missmutige alte Kuh" und keine angenehme Gesprächspartnerin. In Wahrheit hatte ich alles so satt, und am Ende des Kurses war ich mit meinem Latein am Ende. Eines Abends wandte ich mich an Keith und sagte ihm, ich könne nicht mehr weitermachen. Ich hatte genug.

Keiths Antwort war: „Endlich!" Dann meinte er, da ich ignorierte hätte, was Gott zu mir gesagt hatte, hätte ich auch ihm nicht zugehört. Also hatte er die Angelegenheit dem Heiligen Geist übergeben, damit er sich darum kümmerte.

Ich war am Ende. Ich hatte nichts mehr zu geben. Und so musste ich akzeptieren, dass das geschehen war, was Gott mir bereits im Frühjahr gesagt hatte. Demütig bat ich Gott wegen meines Stolzes und meines Kontrollzwangs um Vergebung. Als ich meine Mitarbeit beim Alpha-Kurs begonnen hatte, war ich vollkommen damit zufrieden gewesen, einfach nur „zu sein", doch dann war ich in die Falle des Tuns getappt – ich tat alles nur noch aus meiner eigenen Kraft heraus. Ich war gestolpert und in dem Matsch gelandet, den ich selbst produziert hatte. Doch der Vater ließ mich nicht dort liegen. Sanft hob er mich auf und lud mich ein, innezuhalten und mich auszuruhen. Innezuhalten und mich auszuruhen. Innezuhalten und mich auszuruhen.

Diese Worte wiederholte ich in meinen Gedanken immer wieder. Was bedeutete es, „innezuhalten und mich auszuruhen"? Zugegeben, indem ich die Leitung des Alpha-Kurses abgab, hielt ich inne, aber ich hatte das Gefühl, als wäre noch viel mehr damit gemeint. Zu Hause war ich völlig ruhelos. Immer noch las ich täglich in der Bibel und schrieb Tagebuch, aber es war mir schier unmöglich, ruhig zu werden. Ich war so müde und verhielt mich wie ein Baby, das sich nach Nahrung sehnt, aber ständig jammert und an der Brust der Mutter nicht zur Ruhe kommt. Es dauerte Monate, in denen ich nichts tat, bis ich überhaupt an den Punkt gelangte, wirklich innezuhalten. Ich war wie ein Öltanker auf dem Meer: Der Kapitän drückt zwar den Halteknopf am Steuerrad, aber der Tanker braucht Kilometer, um völlig zum Stillstand zu kommen. Meine Identität als Christin war so stark mit dem Alpha-Kurs verknüpft: Ich selbst war Jesus bei diesem Kurs begegnet und hatte bei Kursen in England und in der Schweiz mitgearbeitet. Ich wusste wirklich nicht, wie ich außerhalb des Kurses ich selbst sein sollte.

Nach etwa sechs Monaten konnte ich mich endlich mit dem Ausruhen auseinandersetzen und überlegen, was genau damit gemeint war. Ich wusste, dass es nicht bedeutete, meine Füße hochzulegen und tagsüber fernzusehen. Ich ahnte, dass mehr dwahintersteckte, aber ich wusste nicht, wo ich mit der Suche beginnen sollte. Ich fragte Gott danach, aber er blieb genauso stumm, wie ich still und ruhig werden sollte. Eines Abend hatten wir einen Freund zum Essen eingeladen – Dave Olson, unseren geistlichen Vater und Mentor. Die Einladung hatte ich nicht ohne Hintergedanken ausgesprochen. Dave hat eine besonders enge Beziehung zu Jesus und ich wusste, wenn es jemanden gab, der mir sagen konnte, was Ruhe war, dann wohl er. So kam ich nach einem ungewöhnlich hastigen Essen direkt auf den Punkt. Ich schenkte Dave eine Tasse Kaffee ein und stellte ihm dabei eine Frage: „Also, Dave, was muss ich tun, um auszuruhen?"

Gelassen saß er auf dem Sofa und genoss seinen Kaffee. Er schien mich nicht gehört zu haben, also wiederholte ich meine Frage, diesmal mit etwas mehr Nachdruck. „Dave, was muss ich *tun*, um auszuruhen?" Eine Pause, ein breites Grinsen und dann fing er an zu lachen – von Herzen zu lachen. Ich konnte es nicht glauben. Glaubte er, ich würde Witze machen?

„Nein, im Ernst, Dave, *was muss ich tun?*"

Er sah mich mit so sanften Augen an, wie Jesus sie gehabt haben muss, und sagte schlicht: „Mandy, du *tust* gar nichts!"

Ich bin froh, dass Jesus mir im Laufe der folgenden sechs Monate beibrachte, was es heißt, auszuruhen. Er gebrauchte diesen bekannten Text aus der Bibel, um mich zur Ruhe zu führen.

Ein Psalm Davids

„Der Herr ist mein Hirte, ich habe alles, was ich brauche.

Er lässt mich in grünen Tälern ausruhen,

er führt mich zum frischen Wasser.

Er gibt mir Kraft.

Er zeigt mir den richtigen Weg um seines Namens willen.

Auch wenn ich durch das dunkle Tal des Todes gehe,

fürchte ich mich nicht,

denn du bist an meiner Seite.

Dein Stecken und Stab schützen und trösten mich.

Du deckst mir einen Tisch vor den Augen meiner Feinde.

Du nimmst mich als Gast auf und salbst mein Haupt mit Öl.

Du überschüttest mich mit Segen.

Deine Güte und Gnade begleiten mich alle Tage meines Lebens,

und ich werde für immer im Hause des Herrn wohnen."

PSALM 23

Es ist nicht immer einfach zu lernen, wie man einen Lebensstil der Ruhe pflegt, aber es ist wirklich befreiend. Und diejenigen unter euch, die denken, sie wären sowieso davon ausgenommen, diesen wundervollen Ort der Ruhe kennenlernen zu können, weil sie mit ihrem Job ihren Lebensunterhalt verdienen müssen, sollten jetzt genau zuhören! Wenn man lernt, sich auszuruhen, muss sich als Erstes die innere Herzenseinstellung verändern. Das wiederum führt zu einer Veränderung des Denkens. Beim Ausruhen geht es im Kern nicht darum, nichts zu tun, sondern vielmehr darum, sich auf Gott statt auf seine eigenen Fähigkeiten zu verlassen. Ob du also den Großteil deines Lebens auf der Arbeit oder zu Hause verbringst oder – was wohl bei vielen der Fall ist – es mal so, mal so ist, auch du kannst zur Ruhe finden und darin aufgehen. Darüber hinaus wirst du dadurch in die Lage versetzt, deine Gaben auszuüben. In den Armen von Jesus zu ruhen ist die Antwort darauf, wie du wirklich du selbst sein kannst. Bei mir hat es in der Beziehung zu Jesus einige Zeit gebraucht, bis ich verstand, wie viele wunderbare Gaben er in mich hineingelegt hat – die Gaben des Vaters. Abba hat mir bestimmte Gaben zugedacht, die Teil der Mandy sind, zu der ich mich entwickeln soll. Wenn du selbst auch mehr darüber wissen willst, was der Vater bereits in dich hineingelegt hat, gibt es viele gute geistliche Übungen und Literatur zu diesem Thema.[11]

Bevor wir uns dem nächsten Kapitel widmen, möchte ich dir noch etwas sagen: Ich bin unterwegs – ich bin in das Boot gestiegen und segle dem Land des Seins entgegen. Das Land des Tuns habe ich definitiv hinter mir gelassen, aber sein Einfluss wirkt sich manchmal auf die Strömungen des Lebensmeeres aus, auf dem ich segle. Immer wieder muss ich darum bitten, dass der Wind des Heiligen Geistes meine Segel füllt und mich näher zum Ufer des Seins bringt und dass ich in der Bucht der Ruhe meinen Anker werfen kann, also in Jesus Ruhe finde. Diese Bucht umfängt mein kleines Boot wie die Arme einer Mutter, die ihr Kind an ihre Brust zieht.

KAPITEL 8

Genieße den Duft der Rosen

Im letzten Kapitel habe ich beschrieben, wie Jesus mir beibrachte, innezuhalten, und bei diesem Innehalten entdeckte ich, was es heißt, sich auszuruhen. In diesem Hafen der Ruhe lernt man, was es heißt, zu *sein*.

Lebe im Jetzt

Als Kind war ich außerordentlich beherrscht und kontrolliert. Alles in meinem Leben hatte seinen Platz. Mein Schlafzimmer war beängstigend aufgeräumt – meiner Mutter zufolge war es aufgeräumter als der Rest des Hauses. (Ich habe inzwischen erkannt, dass dieses Verhalten nicht typisch für Kinder ist – meine zwei Töchter hinterlassen ihre Spuren überall.) Und als Erwachsene habe ich den größten Teil meines Lebens in der Zukunftsform gelebt. Ständig bereitete ich mich auf „Was-wäre-wenn-Situationen" vor, und meine Gedanken kreisten darum, wie ich Ereignisse kontrollieren konnte, die noch nicht einmal stattgefunden hatten.

Es wäre eine echte Untertreibung, wenn man behaupten würde, ich hätte die Geburt unserer ersten Tochter, Georgia, geplant. Ich hatte sogar Sandwiches eingefroren für den Tag, an dem wir zur Geburt ins Krankenhaus mussten. Vielleicht fragst du dich, was um alles in der Welt Sandwiches mit einer Entbindung zu tun haben, aber ich hatte so viele Checklisten über eine gut vorbereitete Geburt gelesen, dass ich sogar den Rat befolgte, meinem Mann einen Snack zuzubereiten, falls die Wehen lange dauerten. Stell dir vor – meine Vorbereitung zahlte sich aus. Ich lag sechsundzwanzig Stunden in den Wehen und Keith aß in der Tat den liebevoll von mir zubereiteten Snack – was bei mir zu dem Zeitpunkt nur Ekel hervorrief, da er mir mitten in einer Wehe anbot, sein Essen mit mir zu teilen. (Untermalt wurde das Ganze noch von der Musik aus dem Radio in unserem Geburtszimmer – „Let's talk about sex, baby!" Wie du dir sicher vorstellen kannst, waren ein Sandwich und Sex so ziemlich das Letzte, woran ich gerade dachte.)

Inzwischen hat Jesus mir gezeigt, dass mein starkes Kontrollbedürfnis meinem Verlangen entsprang, selbstständig zu sein. Das ist typisch für jemanden mit einem „Waisendenken". Menschen mit einem Waisendenken fühlen sich allein und verlassen und haben den Eindruck, dass sie sich selbst um alles kümmern müssen. Gott hat mir die Gabe der Autorität und Leiterschaft geschenkt, und ich habe erkannt, dass Kontrolle die Kehrseite oder die Verzerrung dieser Gaben ist.

In der Bibel werden Gott viele Namen gegeben. Der hebräische Name „El Shaddai" gehört zu meinen Favoriten und bedeutet wörtlich übersetzt: „der allmächtige Gott, der uns alles gibt, was wir brauchen". In anderen jüdischen Übersetzungen wird dieser Namen auch mit „der mit den vielen Brüsten" wiedergegeben. Das klingt komisch, oder? Es erinnert ein bisschen an eine hinduistische Gottheit. Wie dem auch sei – ich habe diese Liebe und diesen Trost von El Shaddai erfahren. In 1. Mose 49,25 heißt es: „Der Gott deines Vaters helfe dir; der Allmächtige segne dich mit den Segnungen des Himmels und den Segnungen der Tiefe, mit den Segnungen der Brüste und des Mutterleibs." Wie tröstlich – wenn ein Baby an der Brust liegt, ruht es sich aus, ist abhängig, der Mutter ganz nah und auf natürliche Weise einfach *im Jetzt*. Es hat keine Sorgen, muss nichts für die Zukunft planen; von ihm wird nicht erwartet, dass es irgendetwas anderes tut, als hier und jetzt an der Brust seiner Mutter zu sein. Mir ist klargeworden, dass ich im Gegensatz zu diesem Bild eines zufriedenen Kindes einen Großteil meines Lebens damit verbracht habe, in einer Dimension zu leben, die nichts mit der Gegenwart zu tun hatte. Als junge Mutter war ich ständig auf das gespannt, was noch kommen würde: das erste Lächeln, die ersten Schritte und der erste

Schultag. Ehe ich mich versah, waren meine Töchter junge Frauen. Wo war ihre Kindheit hin? Wo war ich damals, dass ich so viel davon verpasst habe? Gott hilft mir jetzt dabei, Stück für Stück zu entdecken, was es heißt, wirklich in jedem Moment im Jetzt zu leben.

Die Kunst des *Seins* ist kein Geheimnis, das nur den Mystikern vorbehalten ist. Man gelangt dorthin, indem man sich auf den Prozess des Innehaltens und Ausruhens einlässt. Wie lange wir brauchen, um dorthin zu gelangen, ist bei jedem von uns unterschiedlich. Einigen fällt es sehr leicht, den Zugang zu finden. Doch ich nehme an, dass es bei den meisten wie bei mir wesentlich länger dauert – vielleicht sogar ein ganzes Leben –, doch wir sind in diesem Prozess nicht allein. Wir haben einen ständigen Begleiter. Der Heilige Geist ist nicht nur unser Tröster, sondern er zeigt uns auch den Weg. Er ist derjenige, der uns befähigt und uns Kraft für dieses Leben gibt.

Unser Gott hat einen großartigen Sinn für Humor, und seine Gedanken über das Sein lernte ich durch einen zotteligen Hund kennen. Als Benson, unser braun-weiß-gefleckter Collie, Teil der Muckett-Familie wurde, ein kleiner Wirbelwind voller Begeisterung und Freundlichkeit, hatte ich das Gefühl, noch einmal Mutter zu werden. Nun hatte ich nicht mehr alle Zeit der Welt und konnte nicht mehr tun und lassen, was ich wollte. Ich konnte Benson nicht ausstellen, wenn mir danach war, und ihn in eine Schublade stecken, bis in meinen Augen der richtige Zeitpunkt für einen geplanten Spaziergang oder ein Spiel gekommen war. Nein, er zerrte mich buchstäblich zurück in die Gegenwart. Es war, als wäre ich von einem tiefen Schlaf erwacht, als er bei uns einzog; Dornröschen war nun hellwach.

Unser verrückter, liebenswerter Hund hat nicht nur unsere Herzen völlig in Beschlag genommen, er hat es sogar geschafft, dass ich auf unseren vielen Spaziergängen wirklich stehen bleibe und den Duft der Rosen in mich aufnehme, die unsere Hecken säumen. Auch mit Keith ist auf diese Weise eine neue Art von Verbindung entstanden. Mit dem Menschen, den man liebt (also in meinem Fall Keith), durch den Weinberg am Ort zu laufen, ist nicht nur romantisch, sondern auch eine Lektion im Glauben. Gott hat viele unserer Spaziergänge mit dem Hund gebraucht, um mich kostbare Dinge zu lehren – ob ich nun durch Unkraut und Gestrüpp stolperte oder über steinige Wege oder ob ich beobachtete, was mit vereinzelten Weinreben geschah.

Ich weiß nicht, was Jesus auf deiner Lebensreise für dich bereithält – und ob er auch dir einen zotteligen Hund schicken wird –, aber er wird dich durch seinen Heiligen Geist in die Lage versetzen und dir die Kraft schenken, ein Leben des Seins zu führen. Und in seiner Liebe wird er nicht locker lassen, bis du dorthin gelangt bist.

Ergebe dich Jesus

Es gibt eine weltweit bekannte Geste, mit der man zeigt, dass man sich ergibt – man hebt beide Arme in die Luft. Ich persönlich finde es faszinierend, dass es auch eine Anbetungshaltung sein kann – „heilige Hände heben". Doch sich zu ergeben weckt viele negative Assoziationen. In einer Schlacht bedeutet es, „aufzugeben", besiegt zu werden. Unsere heutige Welt hat nicht viel Positives über das Ergeben zu sagen. Vielmehr wird man dazu ermutigt, sein Leben zu leben, wie Frank Sinatra so treffend in *My Way* sang. Aber was sagt Jesus über das Ergeben? Folgendes habe ich bisher verstanden:

Jesus ist der Inbegriff der Ergebung. Er gab sich selbst völlig für uns hin, bis in den Tod hinein, aber er wurde nicht besiegt, sondern auferweckt. Von allen Persönlichkeiten der Weltreligionen ist nur er *noch am Leben.*

Bisher hat Jesus mir auf drei verschiedenen Ebenen gezeigt, was es heißt, sich zu „ergeben". Die erste ist wohl die offensichtlichste und in mancher Hinsicht auch die einfachste – hier ging es darum, all den Müll meines Lebens loszulassen. Als ich Jesus in mein Leben einlud, ließ ich alles Schlechte an seinem Kreuz liegen. Es dauerte einige Zeit, bis ich diese Dinge losließ, aber mit seiner Hilfe schaffte ich es. Jesus nahm alles auf sich, was ich getan, gedacht oder gesagt und zu einer Trennung von Gott geführt hatte, und er bezahlte den Preis, den eigentlich ich hätte bezahlen müssen.

Die zweite Ebene, auf der ich mich „ergebe", ist eine tägliche Entscheidung und betrifft meinen Willen: Ich entscheide mich zu glauben, dass ein allmächtiger, allwissender und allgegenwärtiger Gott möglicherweise und ganz vielleicht einen besseren Plan für mich hat, als ich ihn mir jemals selbst für mich ausdenken könnte. Maria, die Mutter von Jesus, entschloss sich demütig dafür, sich Gottes Willen zu beugen:

„Ich bin die Dienerin des Herrn und beuge mich seinem Willen.

Möge alles, was du gesagt hast, wahr werden und mir geschehen.'

Darauf verließ der Engel sie."

LUKAS 1,38

Jesus selbst ist uns im Garten Gethsemane ein Vorbild, als er seinen Willen in Gottes Hände legte, kurz bevor er verraten wurde:

„Er ging noch ein bisschen weiter, sank zu Boden und betete:

‚Mein Vater! Wenn es möglich ist, lass den Kelch des Leides an mir

vorübergehen. Doch ich will deinen Willen tun, nicht meinen.'"

MATTHÄUS 26,39

Durch die tiefe, liebevolle, vertrauensvolle Beziehung, die Jesus zu seinem Vater hatte, war er in der Lage, das loszulassen, was er selbst wollte. Auch wir können diese Fähigkeit zu vertrauen erlangen, und zwar durch Jesus selbst, durch seinen Geist. Wie ich bereits sagte, ist das ein andauernder Prozess. Ich frage daher Jesus immer wieder, was er über Situationen denkt, in die ich in meinem Leben hineingestellt werde. Dabei steht nicht die Frage im Mittelpunkt, die man von den Armbändern kennt – „What Would Jesus Do?" („Was würde Jesus tun?") –, sondern vielmehr: „Wie denkst du über dieser Situation, Jesus, was empfindest du dabei?" Probier es mal aus – du könntest durch das, was er dir sagt, wirklich verändert werden.

Die dritte Lektion, die ich gerade über das „Ergeben" lerne, ist nicht ganz einfach zu verstehen. Ich glaube, dass Gott uns manchmal auch darum bittet, ihm unsere Träume anzuvertrauen. Das klingt vielleicht merkwürdig, weil es ja oft Gott ist, der uns diese Träume und Wünsche überhaupt schenkt. Der Herr hat mir ein Versprechen für meine körperliche Gesundheit und meine Kleidergröße gegeben. Seine Worte waren: „Ich werde es tun. Lass mich es tun." An diesem Versprechen habe ich im Laufe der Jahre festgehalten und ich glaube immer noch daran, trotz der Zahlen, die ich auf der Waage sehe. (Mein Lieblingsvers in der Bibel ist: „Gesegnet bist du, weil du geglaubt hast, dass der Herr tun wird, was er gesagt hat"; Lukas 1,45.) Jesus hat mich jedoch gefragt, ob ich ihm auch diese an und für sich gute Sache anvertrauen würde. Würde ich diesen Wunsch loslassen, selbst wenn das bedeuten sollte, dass ich für den Rest meines Lebens mein Körpergewicht und meine Kleidergröße behalte? Es war wirklich eine herausfordernde Frage, weil mein Wunsch offenkundig gut ist; schlanker zu sein wäre gut für meinen allgemeinen Gesundheitszustand und würde auch noch mein Selbstwertgefühl fördern. Ich bin immer noch etwas erstaunt darüber, aber ich glaube, dass Jesus diese Art von „Ergebung" für seine höheren Zwecke nutzt.

Während ich diese Zeilen schreibe, nehme ich an einer Frauenkonferenz in den USA teil. Folgender Vers hat mich hier sehr angesprochen:

„Gott hat das auserwählt, was in den Augen der Welt gering ist,

um so diejenigen zu beschämen, die sich selbst für weise halten.

Er hat das Schwache erwählt, um das Starke zu erniedrigen."

1. KORINTHER 1,27

Kann es sein, dass Gott sich eine vollschlanke Frau mit einem schielenden Auge aussucht, um Frauen zu ermutigen, ihre innere und einzigartige Schönheit zu entdecken? Kann es sein, dass selbst meine tiefsten Wünsche dem „Mehr" entgegenstehen, das Gott mir geben möchte? Über diese Fragen denke ich mithilfe des Heiligen Geistes immer noch nach. Ich werde dich wissen lassen, wie ich dabei vorankomme – vergiss nicht, auch ich stecke in einem Prozess. Ich bin nicht perfekt. Wie Joyce Meyer einmal sagte: „Viele Leute haben den Eindruck, dass Gott sie nicht gebrauchen kann, weil sie nicht perfekt sind – aber das ist eine Lüge. Gott (der Töpfer) nutzt zerbrochene Gefäße (uns), um sein Werk zu tun."[12] Und ich bin wie so ein zerbrochenes Gefäß, durch das das Licht von Jesus in eine dunkle Welt hineinscheint, durch meine Unvollkommenheit hindurch.

Sei zufrieden

Was bedeutet das? Lange Zeit hatte ich ein völlig falsches Verständnis davon, was dieses Wort bedeutet. Für mich hieß zufrieden sein, sich mit dem Zweitbesten zu begnügen oder zu akzeptieren, dass man nicht genug hatte. Ich weiß, dass ich nicht die Einzige bin, die dieses Wort missverstanden hat. Uns fällt es schwer, zufrieden zu sein, und wir fühlen uns schuldig, weil wir mehr wollen. Wir sind wie kleine Vogelküken, die ihre Schnäbel weit aufsperren und laut piepsen, weil sie noch mehr Futter wollen. In der heutigen Zeit werden wir Frauen sogar noch ermutigt, immer mehr zu wollen; doch dieses „Mehr" führt dazu, dass wir uns nur noch um uns selbst drehen, falsche Entscheidungen treffen und schließlich auch den Weg mit Jesus verlassen.

Die Gesellschaft erzählt uns Frauen, dass wir nicht zufrieden sein, sondern uns ständig verbessern sollen, besonders wenn es um unser Aussehen geht. Der anhaltende Boom kosmetischer Operationen belegt dies eindrücklich. An dieser Stelle möchte ich betonen, dass ich niemanden verurteilen möchte. Ich habe natürlich eine eigene Meinung zu kosmetischen Operationen und habe für mich beschlossen, was ich meinem Körper nicht antun möchte. Ich lerne, mich selbst so zu lieben, wie ich jetzt bin, denn ich muss bereits mit den Konsequenzen meines schlechten Essverhaltens leben. Uns wird erzählt, dass wir unsere Jugend so lange wie menschenmöglich aufrechterhalten sollen. Meine Frage an mich und dich lautet daher: „Ist das, was ‚menschenmöglich' ist, auch gut für mich? Ist es das, was Gott für mich will? Ist das Gottes Weg?" Das ist eine schwere Frage und die Antwort darauf wirst du nur vom Vater persönlich erhalten. Ich glaube, dass die moderne Medizin uns in vieler Hinsicht sehr dienlich ist, aber es gibt einen großen Unterschied zwischen einer Brustverkleinerung, um starken Rückenschmerzen entgegenzuwirken – oder einer angemessenen Vergrößerung, die deiner Körperform und -größe entspricht, wenn deine Brust so flach wie ein Pfannenkuchen ist – und Prozeduren, die den Körper einer Frau entstellen. Dabei denke ich an die aktuell so modernen aufgespritzten Lippen und Brüste und Gesichter, die durch das Botox keine Gefühle mehr widerspiegeln können. Rede mit Gott, dem Vater, und frage ihn, was er denkt. Ich glaube, wir alle träfen oft andere Entscheidungen, wenn wir ihn zuerst fragen würden!

Wie bereits gesagt, möchte ich nicht über eine Operation richten, die du bereits hast machen lassen oder über die du nachdenkst – auch ich denke über eine kosmetische Operation nach. Ich habe eine Sehbehinderung und auf meinem rechten Auge nur zwanzig Prozent Sehstärke. In meiner Kindheit mussten wir deshalb oft zum Augenarzt. Die anderen Kinder gaben mir hässliche Namen, weil ich neben dem pinkfarbenen Kassengestell auch noch eine Augenklappe tragen musste. Doch meine Sicht hat sich nie verbessert. Als Kind wurde ich operiert, damit der Muskel gestärkt wurde, der das Auge bewegt. Aber diese Operation hat mein Auge nur noch mehr geschwächt, sodass ich nun ein schielendes Auge habe. Heute kann ich darüber lachen, weil Jesus mich von der Scham geheilt hat, die ich damals empfunden habe. Heute kann ich in den Spiegel schauen und darin die Schöne und nicht das Biest sehen. Ich dachte: *Es ist okay – wenn Jesus mich so annimmt, wie ich bin, dann kann ich es wohl auch lernen.*

Ja, er liebt uns, wie wir jetzt sind, aber er hält noch so viel mehr für uns bereit. Eines Tages hatte ich den Eindruck, als ob ich mich erneut an meinem Auge operieren lassen sollte. Aber ich beachtete den Eindruck gar nicht weiter. Ich dachte, ich würde nur meinen eigenen Wunsch hören und nicht die Stimme von Jesus. Es kam mir vor, als wäre es einfach nur eitel – aber nachdem ich mich nun selbst besser annehmen konnte, entschloss ich mich, daran zu glauben, dass Jesus auch eine andere Meinung dazu haben könnte. Vielleicht war es sogar ein Geschenk, das er mir machen wollte. Seine Geschenke sind vollkommen und nicht voller Haken und Ösen wie die Geschenke, die uns ansonsten angeboten werden. Es könnte daher sein, dass mein Auge bereits wieder normal ist, während du diese Zeilen liest. Doch was immer auch geschieht, es ist mein Wunsch, dass ich Schritt halte mit seinem Plan für mein Leben und seinen guten und vollkommenen Willen tue.

Frage doch Jesus um Rat, bevor du dich in etwas stürzt, was seiner Meinung nach nicht notwendig wäre. Viele Leute haben sich unters Messer gelegt, sich Tattoos stechen oder ein Piercing machen lassen, und mussten anschließend doch feststellen, dass sie sich immer noch unvollständig fühlten und ihre Seele immer noch nach mehr schrie. Wenn du eine dieser Frauen bist, die im Stillen nach mehr schreien, dann rufe nach Jesus – er ist das Mehr, nach dem du dich sehnst, und bei ihm findest du Ruhe für deine Seele. Denn nur in ihm finden wir wahre Zufriedenheit. Wenn wir uns ausruhen und Zeit mit ihm verbringen, können wir diese Zufriedenheit in jedem Bereich unseres Lebens erfahren. Für mich bedeutet die Zufriedenheit, die Jesus uns schenken will, dankbar zu sein und seinen Plänen zuzustimmen. Möchtest du das in deinem Leben erfahren? Also, ich auf jeden Fall! In solch einem Leben kannst du Frieden und Zufriedenheit erleben, auch wenn du nicht vollkommen bist.

Entdecke die Schönheit in anderen

Es liegt in unserer menschlichen Natur, uns ständig mit anderen zu vergleichen. Ob es unsere Umstände, unser Körper oder unsere Fähigkeiten sind – permanent vergleichen wir sie mit anderen und fällen positive oder negative Urteile.

Frauen sind besonders von der Pest des Vergleichens betroffen. Meine kleine Schwester Carol mag den Duft von Lilien. Kannst du dir das vorstellen? Ich finde, sie riechen schrecklich. Unsere Ansichten wirken sich nicht auf die Lilie selbst aus – sie kann einfach das sein, wozu Gott sie geschaffen hat, eine wunderschöne Blume –, aber unsere Vorlieben können sich sehr wohl auf andere Menschen auswirken. Wir Frauen sollten uns eingestehen, dass wir uns an anderen Frauen durchaus schon schuldig gemacht haben, indem wir sie schlecht behandelten und ihre Schönheit nicht schätzten. Wenn wir uns ständig mit anderen vergleichen, können wir uns unabsichtlich auch selbst verletzen. Dabei tappen wir in zwei Fallen, die scheinbar im Gegensatz zueinander stehen. Zum einen können wir in Stolz und Selbstüberschätzung fallen, wenn wir denken, wir seien besser als eine andere Person. Zum anderen verfallen wir in Selbstanklage und Selbstmitleid, wenn wir glauben, wir ziehen im Vergleich den Kürzeren. Hast du schon einmal gehört, dass ein Gärtner eine Blume als hässlich bezeichnet hat? Nein, ich noch nie. Eine Blume ist eine Blume. Blumen sind von Natur aus schön. *Schön.*

Genauso wie wir manche Blumen lieber als andere mögen, ziehen wir auch die Gesellschaft von einigen Frauen der von anderen vor. Es ist in Ordnung, Freundschaften zu pflegen. Wir sollten aber nicht die Frauen meiden, mit denen wir nicht auf einer Wellenlänge sind, sie übersehen oder ihnen absichtlich aus dem Weg gehen. So läuft das nicht im „Gartenherzen" Gottes. Ja, vielleicht setzt er bestimmte Blumenarten zusammen in ein Beet, aber er hat für jede Blume einen besonderen Platz, den nur diese eine Blume ausfüllen kann. Wenn du bisher das Gefühl gehabt hast, nicht dazuzugehören, weil andere deine einzigartigen Fähigkeiten nicht wahrgenommen haben, mach dir keine Sorgen darum. Unser Vater, der Gärtner, hält eine besondere Überraschung für dich bereit. Er sieht und schätzt deine Schönheit. Eines Tages wird er auch die Augen der anderen dafür öffnen; ruhe einfach in seiner Liebe zu dir. Seine Liebe und Gnade werden dich tragen bis zu dem Tag, an dem deine Blütenpracht bemerkt werden wird.

Und für diejenigen unter uns, die sich schuldig gemacht haben, weil sie sich selbst oder andere Frauen miteinander verglichen haben: Wenn wir Gott von unserer Schuld erzählen, erhalten wir sofort seine Vergebung. Sprich mit Jesus, bring deine selbstgerechten Urteile ans Kreuz. Er wird dir nicht nur seine Vergebung schenken – er wird dir auch die Augen öffnen, damit du die Schönheit in Gottes „Gartenherz" erblicken kannst. Du wirst sehen, dass in dir und allen Frauen um dich herum Schönheit zu finden ist. Ich möchte dich ermutigen, etwas zu wagen, was ich selbst unheimlich gern tue. Gehe auf eine Frau zu, die du nicht kennst, und sage ihr, dass sie schön ist. Ich verspreche dir, dass man dich nicht in eine Zwangsjacke stecken wird. Vielleicht begegnet sie dir erst mit Argwohn, aber sage ihr einfach, dass Gott ihre Schönheit sieht. Wenn du eine äußerst schüchterne Persönlichkeit bist, solltest du vielleicht besser mit einer Frau anfangen, die du kennst. Keine Angst! Hab Mut! Du wirst tolle Reaktionen bekommen und den Frauen Gutes tun.

Wenn du lernst, im Jetzt zu leben, zufrieden zu sein und die Schönheit in anderen Frauen zu entdecken, bist du auf einem guten Weg zu einem Leben des Seins – zu einem Leben, das auf Ruhe gegründet ist. Du wirst lernen, den Duft der Rosen zu genießen.

Es gibt aber noch eine Frage, die du dir stellen solltest: Welche Art von Duft oder Wirkung verbreitest *du*?

Verbreite einen lieblichen Duft

Für viele Frauen spielt Parfüm in ihrer Lebensgeschichte eine große Rolle. Ob wir Parfüm auflegen oder nicht – ein Duft ist etwas, an das man sich erinnert. Wenn wir den Duft unserer Freundinnen, Mutter oder Großmutter riechen, werden wir unwillkürlich zu bestimmten Augenblicken in unserem Leben zurückversetzt. Mit meiner Mutter verbindet man einen gewissen Duft – ihr Lieblingsparfüm ist ein starker, würziger Duft, der noch lange wahrzunehmen ist, nachdem man ihn aufgetragen hat. Als ich noch ein Kind war, liebte meine Mutter ihn so sehr, dass sie förmlich darin gebadet hat. Manchmal war es etwas erdrückend – natürlich auf eine gute Weise, wie meine Mutter eben ist (hab dich lieb, Mum!). Wenn sie die Parfümflasche zückte, wusste man, dass man gleich auch etwas davon abbekommen würde. Ich glaube, das ist ein gutes Bild dafür, welche Wirkung meine Mutter auf mein Leben hatte. Ihr Duft berührte mich, und er tut es bis heute.

Wie bei einem teuren Parfüm ist auch das Wesen einer Frau dazu gedacht, an einem Ort zu verweilen. Unser Vater, der Gärtner, hat jede von uns mit einem individuellen Duft geschaffen, den niemand sonst hat. Er ist sogar so individuell, dass man ihn nicht reproduzieren kann. Man kann ihn nicht in einer Fabrik fertigen. Er gehört nur zu dir. Auf der Flasche steht dein Name. Er wurde aus deiner Blume und nur für dich gemacht. Wir wurden geschaffen, um eine Wirkung auf unsere Welt zu haben:

„Doch ich danke Gott, der uns, die wir zu Christus gehören, immer in seinem Triumphzug mitführt. Wo immer wir jetzt auch hinkommen, setzt er uns ein, um anderen vom Herrn zu erzählen und die gute Botschaft zu verbreiten wie einen wohlriechenden Duft. Unserem ganzen Leben haftet der Wohlgeruch von Christus an; und damit loben wir Gott. Aber dieser Geruch wird von denen, die gerettet werden, anders wahrgenommen als von denen, die verloren gehen."

2. KORINTHER 2,14-15

Unsere Schönheit soll die Schönheit von Jesus widerspiegeln – eine bleibende Schönheit, die die Liebe des Vaters vermittelt und Menschen anzieht. Möchtest du, dass dein Leben aus bleibender Liebe besteht? Soll dein Leben einen bleibenden Einfluss haben? Oder verhältst du dich wie ein kleines Mädchen, das darauf besteht, aus den Rosenblättern ihrer Mutter selbst ein Parfüm zu machen, sodass die Unreinheiten und selbstsüchtigen Wünsche ein weniger schönes Aroma verströmen, das keinen bleibenden Bestand hat?

Man kann leider auf viele Arten *nicht* den bleibenden Duft verströmen, den Gott uns zugedacht hat. Manche von uns sind wie Kunstblumen, die gar keinen Duft haben. Wir haben eine scheinbar vollkommene äußere Hülle geschaffen; ein Leben, das hinter einer Fassade versteckt liegt. Doch uns regiert die Angst, dass wir schon bald auffliegen und unser Leben als Täuschung entlarvt wird. Trotzdem hängen wir an dem Künstlichen, obwohl es weder Leben noch Freude in sich trägt – es hat keinen bleibenden Wert. Wenn du dich mit diesen Kunstblumen identifizierst, gibt es Hoffnung für dich. Unser Vater, der Gärtner, hat seinen Sohn gesandt, um dir sein echtes, wahres Leben anzubieten. Dieses Leben wird nicht einfach nur gelebt, sondern es wird *im Überfluss* gelebt. In Johannes 10,10b wird dies deutlich:

„Ich aber bin gekommen, um ihnen das Leben in ganzer Fülle zu schenken."

Erinnerst du dich noch an den Trend der 1980er-Jahre, als man Blumensträuße und Potpourri trocknete? Man betrat einen Raum und wurde förmlich erschlagen von der Wucht blumiger Duftnoten. Manche von uns sind wie diese getrockneten Blumen; sie waren einmal frische Blumen, aber sie sind schon lange gestorben. Oft wurden diese Blumen in leuchtenden Farben eingefärbt und mit konzentriertem Öl besprüht, um ihre einstige Schönheit wiederherzustellen. Durch sie entsteht die Atmosphäre eines muffigen Museums; diese Blumen können nur noch von ihrer lang verlorenen Schönheit erzählen. Wenn du dich so fühlst – ausgeblichen, staubig, wie ein Museumsstück –, dann darf ich dir sagen: Unser Vater, der Gärtner, hat seinen Sohn gesandt, damit du von den Toten wieder auferweckt werden kannst. Jesus kann dir ein Leben schenken, dass auf natürliche Weise leuchtet, duftet und niemals erlischt.

Und manche von uns sind wie Schnittblumen. Die Sträuße, die ich kaufe, halten immer nur sehr kurze Zeit. Kaum habe ich sie in die Vase gestellt, welken sie schon oder werden braun; sie sind nichts Bleibendes. Der Grund dafür ist natürlich, dass sie bereits sterben, wenn ich sie kaufe. Sie sind von ihrer Nahrungsquelle abgeschnitten und werden nur noch kurze Zeit von dem kleinen bisschen Wasser in der Vase am Leben erhalten. Die erste Blume überhaupt, Eva, wurde im „Gartenherzen" Gottes eingepflanzt. Sie wurde von Gott höchstpersönlich gehegt und gepflegt, aber als sie eine Lüge glaubte, wurde diese Blume von ihrer Quelle abgeschnitten. Ist deine Blume auch von ihrer Quelle abgeschnitten? Wenn du weißt, dass du von Gott getrennt bist, dann verzweifle nicht. Unser Vater, der Gärtner, hat seinen Sohn gesandt, um dich von Neuem mit der Quelle des Lebens in Verbindung zu bringen. Egal, wo du auch bist oder was du auch tust, du kannst dich jetzt wieder neu mit ihm verbinden. Ob du nur ein künstliches Leben geführt hast, ob dein Leben schon lange verwelkt ist und die Menschen nur noch ein Museumsstück vor sich haben oder ob du schon immer von der Liebe des Gärtners abgeschnitten warst – lass uns nicht noch mehr kostbare Zeit unseres Lebens verschwenden. Komm mit offenem Herzen und einer demütigen Haltung zurück zu unserem Vater, dem Gärtner, und nimm das Geschenk des ewigen Lebens durch seinen Sohn Jesus an.

Sei farbenfroh

Es gibt Frauen in allen möglichen Formen und Größen: groß, klein, dick, dünn, mit unterschiedlicher Hautfarbe, Haarfarbe und Augenfarbe – und von der Kleidung wollen wir gar nicht erst sprechen. Was meine ich, wenn ich „farbenfroh" sage? Damit ist auf jeden Fall mehr gemeint als unsere ethnische Zugehörigkeit, unsere Kultur oder auch unsere Persönlichkeit. *Farbenfroh zu sein* bedeutet letztlich, einfach nur du selbst zu sein, und zwar ohne dabei Kompromisse einzugehen! Kompromisse gehören zwar zum Leben dazu und wir alle können mehr oder weniger ein Lied davon singen. Doch erwartet Gott von uns, dass wir

Kompromisse bei unserem Wesen eingehen, damit wir zu anderen Menschen passen oder in ihren Augen annehmbar sind? Ganz sicher nicht! Jesus forderte seine Jünger vielmehr dazu auf, „Salz und Licht" zu sein (vgl. Matthäus 5,13-16). Das bedeutet, dass wir die Menschen sein sollen, zu denen Gott uns geschaffen hat. Dadurch heben wir uns von unserer Umgebung ab und verändern sie sogar – anstatt uns einfach nur in sie zu integrieren.

Da wir als Familie durch Keiths Beruf oft umgezogen sind, hat sich für mich die Chance ergeben, viele neue Freunde zu finden. Abgesehen von meiner Familie, meiner Gemeinde und meinen alten Schulfreundinnen habe ich viele weitere Freundinnen. Durch die unterschiedlichsten Umstände bin ich mit anderen Frauen in Kontakt gekommen – mal durch die Arbeit, mal über die Kinder oder gemeinsame Interessen, und ich fühle mich dadurch reich beschenkt. Doch es gab auch Zeiten, in denen diese Freundschaften mir Schwierigkeiten bereitet haben. Wie ich bereits in einem anderen Kapitel erwähnt habe, ist es nicht immer einfach, in dieser Welt, in der alles erlaubt ist und die Wahrheit als relativ angesehen wird, Christ zu sein. An Jesus zu glauben und ein Leben zu führen, das ihm gefällt, ist definitiv herausfordernd. Und dessen wurde ich mir ganz besonders in einer bestimmten Zeit meines Lebens bewusst.

Der Kompromiss lungerte noch weit entfernt am Horizont herum und kam nur langsam näher, sodass ich ihn erst gar nicht bemerkte. Ich verbrachte gern Zeit mit meinen Freundinnen beim Kaffeekränzchen. Wir tauschten uns darüber aus, was gerade so in unserem Leben los war, und hatten aufrichtiges Interesse aneinander – bis zu jenem verhängnisvollen Nachmittag. An jenem Tag kam ich nach Hause und hatte das Gefühl, dass das Gespräch völlig an mir vorbeigegangen war. Es war um Dinge und Veranstaltungen gegangen, von denen ich keine Ahnung hatte. Ich wusste auch, dass ich schon seit langer Zeit mit der Herausforderung kämpfte, nicht in das Lästern der anderen Frauen mit einzustimmen. Das hatte mich auch etwas zur Außenseiterin werden lassen. Aber da schien noch mehr zu sein. Im Laufe der folgenden Wochen verstärkte sich mein Eindruck, dass ich ausgegrenzt wurde, und ich realisierte sogar, dass ich zu einigen Treffen gar nicht mehr eingeladen wurde. *Was ist wohl der Grund?*, überlegte ich. *Spreche ich zu viel über Jesus?* Eine Zeit lang beschäftigten mich diese Fragen und Entmutigung machte sich breit. Ich hatte es immer genossen, wenn sich Gelegenheiten ergaben, in denen ich von meinem Glauben erzählen konnte. *Aber vielleicht sollte ich das etwas reduzieren, dachte ich, schließlich will doch niemand mit einer Fundamentalistin befreundet sein, oder?* Doch in mir brannte immer noch das Verlangen, anderen Frauen von Jesus zu erzählen.

Wie ich bereits am Anfang des Buches erzählt habe, spricht Gott auf viele verschiedene Arten zu mir, auch durch Musik. Das war wieder einmal der Fall, als ich auf der Fahrt nach Hause Radio hörte. Mir ging es gar nicht gut. Kennst du das Gefühl, dich mitten in einer Menschenmenge zu befinden und doch der einsamste Mensch auf der ganzen Welt zu sein? Genauso fühlte ich mich in dem Moment. Obwohl ich gerade Zeit mit anderen Leuten verbracht hatte, fühlte ich mich isoliert – aber ich wusste nicht, wie ich damit umgehen sollte. *Wenn ich nur mehr wie sie wäre, dachte ich, vielleicht würden sie mich dann mehr mögen – vielleicht würde ich dann dazugehören?* Gerade als mir dieser Gedanke durch den Kopf ging, hörte ich im Radio Cyndi Lauper das Lied *True Colors*[13] singen. Es war, als würde Gott mir in diesem Moment selbst den Text zusingen.

Gott gebrauchte die Worte dieses Liedes, um zu mir über den Kompromiss zu sprechen, den ich einging. Durch dieses Lied ermutigte er mich und sagte mir, dass ich in der Tat so, wie ich war, schön war, und dass ich keine Kompromisse eingehen sollte, nur um anderen zu gefallen. Meine Tränen flossen nur so! Jedes einzelne Wort des Liedtextes vermittelte mir Gottes Liebe – er sah meine Kämpfe und meinen Frust und zeigte mir nun meinen wahren Wert. Seit jenem Tag bemühe ich mich nach Kräften, mir selbst treu zu bleiben. Wie andere Menschen mich wahrnehmen, ist ihr Problem, nicht meins. Ich bin auf einer Reise der Selbstannahme, weil ich weiß, dass Gott mich liebt, und jeden Tag entscheide ich mich neu dafür, mich selbst mit Gottes Augen zu sehen.

Bist du dir selbst treu oder gehst du in deinem Wesen Kompromisse ein, um so zu sein wie eine andere Person? Gott hat dich mit einer einzigartigen „Farbe" geschaffen und du bist ein wesentlicher Bestandteil seiner Schönheitspalette. Warum solltest du dein Leben in Schwarz-Weiß führen und versuchen, jemand anderes zu sein, wenn du doch in Wahrheit dazu geschaffen wurdest, in seinen lebendigen Farben zu leuchten? Komm, schäm dich nicht deinetwegen – sei farbenfroh!

KAPITEL 9

„Das Leben ist wie eine Schachtel Pralinen …"

„Das Leben ist wie eine Schachtel Pralinen – man weiß nie, was man kriegt." So drückt es Forrest Gump in dem gleichnamigen Film aus. Doch ich frage mich, warum Forrest nicht die kleine Karte las, die diesen Schachteln immer beiliegt und auf der in blumigen Worten jede einzelne Praline in der Schachtel beschrieben wird. Wie konnte er sie übersehen? Es gehört doch einfach zum Pralinengenuss, wenn man sich die Zeit nimmt, um die einzelnen Köstlichkeiten genau zu studieren und sich dann seine Lieblingspraline auszusuchen.

Pralinen und Schokolade erinnern mich an meine Kindheit, besonders an Weihnachten. In meiner Familie war es Tradition, dass es zu Weihnachten bestimmte Süßigkeiten gab. Dazu gehörte für uns unbedingt eine große, runde, pinkfarbene Dose mit „Quality-Street-Schokolade". Für mich als kleines Mädchen enthielt diese pinkfarbene Dose Kostbarkeiten, reinste Juwelen in allen möglichen Formen und Farben, die in glänzendes Papier eingewickelt waren. Es war ein echtes Vorrecht, wenn man der Erste war, der sich eine Leckerei aus der Dose aussuchen durfte. Am liebsten mochte ich die schokoladenüberzogenen Nüsse, die eine königsblaue Verpackung hatten. Als Nächstes suchte ich mir immer ein Bonbon mit Karamell gefüllt aus, aber *nie im Leben* hätte ich mir eines mit Erdbeersahne ausgesucht. Wie ekelhaft! Eigentlich waren die meisten Sahnebonbons abscheulich. Diese geschmacklichen Außenseiter in der Süßigkeitendose blieben bei uns zu Hause einfach übrig und verrotteten. Keiner von uns hätte sie je gegessen, selbst wenn nichts anderes im Haus gewesen wäre. Ich hätte lieber gehungert oder – mindestens eben so schrecklich – etwas Gesundes wie Obst gegessen!

Ich muss gerade an eine Fernsehwerbung für eine bestimmte Pralinenmischung mit verschiedenen schokoladenüberzogenen Köstlichkeiten denken, wie Erdnüsse, Toffee und Keks. Unter einigen dieser Schokoladenmänteln lauert die gefürchtete Sahnecreme. In dieser Werbung spielen zwei Männer russisches Roulette: Statt sich die Pistole an die Stirn zu halten, müssen sie aus dieser Mischung wählen. Der Erste trifft seine Wahl. Er ist erleichtert – er hat eine Erdnuss gewählt. Nun ist der zweite Mann an der Reihe. Er atmet auf – Toffee! Die Spannung steigt. Der Erste greift wieder in die Packung – diesmal ist es ein Keks, Glück gehabt. Auf der Stirn des zweiten Mannes bilden sich Schweißperlen. Er trifft seine Wahl und – oh nein! – es ist Kaffeesahne! Game over. Der erste Mann hat gewonnen. (Der zweite Mann lächelt jedoch in die Kamera und sagt: „Ich mag Kaffee!")

Bitte entschuldige meinen nostalgischen Exkurs zum Thema Schokolade, aber ich möchte daran etwas deutlich machen. Forrest Gump hat in der Tat eine tiefe Wahrheit verkündet. Unser Leben ist wie seine Schachtel Pralinen – und zwar eine solche, bei der kein Zettel mit Beschreibungen beigelegt wurde. Egal, wie sehr wir uns auch wünschen, selbst aussuchen zu können, was uns im Leben passiert, es ist nicht möglich. Unsere Zukunft ist ein unbekanntes Land und wie Forrest wissen wir nicht immer, was uns erwartet. Das ist es, was ich dir vermitteln wollte. Wir wären begeistert, wenn wir unsere gesamten Lebenserfahrungen auf einer Karte vor uns sähen, sodass wir wählen könnten, was wir davon haben wollen, und den Rest einfach ignorieren könnten. Wer hätte sich jemals eine schlimme Situation im Leben freiwillig ausgesucht? Nun, ich kenne da jemanden – Jesus. Er wählte ein Lebensende, das in höchstem Maße unerträglich war, und das nicht, weil es sein eigener Wille gewesen wäre, sondern weil es der Wille seines Vaters war. Er entschied sich aus Liebe dafür, am Kreuz zu sterben; um unseretwillen.

Das Leben ist ein Geheimnis, und daher versuchen wir alle, über unsere Zukunft zu bestimmen. Wir bemühen uns, gute Entscheidungen zu treffen, die uns zum Besten dienen. Manche entscheiden sich auch so, dass andere ebenso davon profitieren, aber im Grunde klammern wir uns alle an das, was wir kennen, und entscheiden uns für die bequemste

Variante. Doch was, wenn Gott uns so lenkt, sogar für uns geplant hat, dass wir die „Erdbeersahne" im Leben wählen? Wie denken wir dann über Gott? Werden wir uns wie Jesus dafür entscheiden, den Willen des Vaters zu tun, selbst wenn wir nicht wissen, was am Ende dabei herauskommt? Ich will dir (und mir) jetzt eine der grundlegendsten, herausforderndsten Fragen überhaupt stellen: Wirst du Gott vertrauen?

Als ich erst seit Kurzem Christ war, hinterließ die Erzählung *Hinds' Feet in High Places* von Hannah Hurnard[14] einen tiefen Eindruck bei mir. Dieses Buch ist ein englischer Klassiker. Hier eine kurze Zusammenfassung für alle, die es nicht gelesen haben: Die Hauptfigur der Geschichte ist „Furchterfüllt", eine junge Frau, die mit dem Hirten eine Reise zu den Bergen macht. Ihr werden zwei Weggefährten zur Seite gestellt, und zwar vom Hirten höchstpersönlich. Ihre Namen sind „Trauer" und „Leiden" – sicher keine Gefährten, die ich mir für meine Lebensreise aussuchen würde. (Wären sie in der Pralinenschachtel meines Lebens, würde ich sie „Erdbeersahne" und „Orangensahne" nennen.) Die Reise von Furchterfüllt ist sehr lang und sie erlebt unterwegs viele Schwierigkeiten. Sie wird sogar in eine Wüste geführt. Die Wüste ist hier eine ähnliche Metapher wie in der Bibel: ein Ort der Verlassenheit und Einsamkeit, an dem man sich leer vorkommt und das Gefühl hat, dass einem etwas fehlt. Ein Ort, an den sicher niemand von uns freiwillig gehen würde; doch an einem gewissen Punkt unseres Lebens gelangen wir alle dorthin. Es ist ein Ort, zu dem wir in den meisten Fällen von Gott geführt werden. Verzweifelt schreien wir danach, dass man uns von diesem schrecklichen Ort befreit, da wir den Eindruck haben, dass hier kein Leben möglich ist. Aber schau dir an, was der Herr sagt:

„Doch jetzt will ich ihr freundlich zureden. Ich will sie in die Wüste führen und dort zu ihrem Herzen sprechen."

HOSEA 2,16

Gottes Pläne stehen immer weit über dem, was wir wirklich verstehen können, selbst wenn wir irgendeinen Sinn in ihnen erahnen. Sie sind vollkommener, als wir erfassen können, drücken seine Liebe in viel größerem Maße aus, als uns bewusst ist, und sie sind so umfassend, dass selbst die Ewigkeit sie nicht ausfüllen kann. Dies wird in den folgenden Worten ausgedrückt, und zwar so, dass wir es verstehen können:

„‚Denn ich weiß genau, welche Pläne ich für euch gefasst habe‘, spricht der Herr. ‚Mein Plan ist, euch Heil zu geben und kein Leid. Ich gebe euch Zukunft und Hoffnung.‘"

JEREMIA 29,11

Furchterfüllt entdeckt, dass in der Wüste eine winzige Blume wächst, und diese winzige Blume hat einen Namen. Sie heißt „Zustimmung". Zustimmung ist ein Ja, ein Amen. Wir müssen unsere schwierigen Situationen nicht begreifen, um demütig zuzustimmen, dass dies der Ort ist, wo Gott uns hingestellt hat. In den meisten Fällen verursacht er nicht unser Leid. Doch er lässt es zu, weil er der Einzige ist, der diese Dinge benutzen kann. Durch sie möchte er uns näher zu ihm ziehen und so viel mehr aus uns machen, als wir sonst jemals sein würden, wenn wir auf uns selbst gestellt wären. Es kann sein, dass der Teufel in der Wüste unseren Tod plant; doch Gottes Plan für uns sieht Leben vor, und zwar nicht nur ein einfaches Leben, sondern ein Leben in Fülle. Ich zitiere den Vers gern noch einmal:

„Ein Dieb will rauben, morden und zerstören. Ich aber bin gekommen, um ihnen das Leben in ganzer Fülle zu schenken."

JOHANNES 10,10

Ich würde dir gern eine Geschichte aus meinem Leben erzählen. Darin geht es um eine Situation, die ich mir wahrscheinlich im Vorhinein nicht ausgesucht hätte, wenn ich gewusst hätte, was damit alles verbunden sein würde. Ich habe bereits in einem der ersten Kapitel von meinem leiblichen Vater und meinem Stiefvater erzählt und von der „Vaterwunde", mit der ich mich auseinandersetzen musste. Dabei spielte der Vers aus Maleachi 3,24 eine zentrale Rolle: „Er wird die Herzen der Väter ihren Kindern und die Herzen der Kinder ihren Vätern zuwenden ..." Zur gleichen Zeit hatte Jesus in meiner täglichen Gebetszeit schon seinen Finger auf diese Wunde gelegt. Er erinnerte mich an das Gebot „Ehre deinen Vater und deine Mutter. Dann wirst du lange in dem Land leben, das der Herr, dein Gott, dir geben wird" (2. Mose 20,12) und an Bob, meinen leiblichen Vater. In diesem Gebot heißt es nicht: „Ehre deinen Vater und deine Mutter, wenn sie gute Eltern sind." Es heißt darin einfach nur, dass wir sie ehren sollen.

Ich hatte Bob zum ersten Mal auf der Beerdigung seines eigenen Vaters getroffen – mit Sicherheit ein schwieriger Kontext, um irgendjemanden kennenzulernen, ganz zu schweigen vom eigenen Vater. Er hatte mich einmal besucht, aber ich hatte seine Versuche abgewehrt, für mich der Vater zu sein, den ich nie gehabt hatte. Das Problem war, dass ich bereits einen Dad hatte – meinen Stiefvater John, den Mann, den ich als meinen Vater liebte, der mich adoptiert und mir seinen Nachnamen gegeben hatte. Er war mein Dad und einen anderen brauchte ich nicht. Ich war damals sehr höflich zu Bob und bedankte mich bei ihm, dass er mir das Leben geschenkt hatte, aber ich sagte, dass ich ihm nicht geben könne, was er wolle, nämlich eine Beziehung zu mir als seiner Tochter.

Die Jahre vergingen, und nun hatte Jesus sich meines Falles angenommen. Er sagte zu mir: „Mandy, du lässt mich dich gebrauchen, um anderen bei Problemen mit ihrem Vater zu helfen, aber du bist nicht mit deinem eigenen Vater versöhnt." Um es kurz zu machen: Ich beschloss schließlich, dass ich um Jesu willen wieder Kontakt zu meinem Vater aufnehmen würde. Ich wollte meinen irdischen Vater ehren, auch wenn ich nicht wusste, wie mir das gelingen sollte. Doch Kontakt mit ihm aufzunehmen und ihn um ein Treffen zu bitten, wäre zumindest ein Anfang. Ich sehnte mich nicht nach einer Beziehung zu ihm, denn inzwischen war ich Abba-Vater begegnet, aber ich wusste, dass es das Richtige war. Es war das, was Jesus von mir wollte und was Abba von mir wollte. Der Heilige Geist würde mir dabei helfen.

Im Mai rief ich Bob an, und nach der erwarteten anfänglichen peinlichen Stille stellte ich die Frage: „Darf ich dich besuchen?"

Bob lebte im Norden Englands, was für mich bedeutete, dass ich von der Schweiz nach England fliegen musste, um ihn zu besuchen. Er war ein wenig schockiert, aber doch sehr offen, und so organisierte ich meine Reise. Gemeinsam mit meiner Familie würde ich im Oktober in den Herbstferien hinüberfliegen. Als ich den Hörer auflegte, wusste ich, dass ich den ersten Schritt gemacht hatte, um mich meinem Vater zuzuwenden.

In der dritten Juliwoche erhielt ich einen Anruf von meiner Stiefschwester. Bob arbeitete als Nachtwächter, und während einer Nachtschicht hatte er einen starken Herzinfarkt gehabt und war gestorben. Ich gab mein Bestes, um eine Frau zu trösten, der ich nur einmal im Leben begegnet war; in gewissem Maße wusste ich, wie sie sich fühlte, da mein Stiefvater auch vor einigen Jahren gestorben war. Doch gleichzeitig war es so, als würde ich von außen meine eigene Reaktion beobachten, vielleicht um mich selbst vor einem emotionalen Zusammenbruch zu bewahren. Es war merkwürdig und mit Sicherheit etwas, das ich nicht noch einmal erleben möchte.

Zu der Zeit, als Bob starb, drehten sich die Predigten in unserer Gemeinde um Krankenheilung, Dämonenaustreibung und Totenauferweckung – alles Dinge, von denen Jesus sagte, dass wir sie auch tun würden:

> *„Ich versichere euch: Wer an mich glaubt, wird dieselben Dinge tun, die ich getan habe, ja noch größere, denn ich gehe, um beim Vater zu sein."*
>
> JOHANNES 14,12

Der Zeitpunkt war gespenstisch passend, denn in der letzten Juliwoche reisen wir als Familie für gewöhnlich immer nach England, um dort an der New-Wine-Konferenz im Westen des Landes teilzunehmen. Wir verlegten unsere Reise etwas nach vorn, damit wir vor der Freizeit an Bobs Beerdigung teilnehmen konnten. Ich war gelinde gesagt verwirrt, aber fand Trost darin, dass Gott Tote auferwecken konnte – ich begann zu glauben, dass er mich vielleicht gebrauchen könnte, um dafür zu beten, dass Bob wieder auferstand. Du denkst vielleicht, dass das ein wenig verrückt klingt – war das nur Wunschdenken oder ein Ausdruck meiner Trauer? Und wie konnte ich um jemanden trauern, den ich nicht einmal gekannt hatte?

Wir reisten also zur Beerdigung. Ich erwies meinem Vaters die letzte Ehre. Dann nahm ich all meinen zögerlichen Glauben zusammen und betete dafür, dass Bob von den Toten auferstand, aber nichts geschah. Nach der Beerdigung fuhren wir weiter zu der New-Wine-Konferenz. Für uns als Familie ist es unsere jährliche Einkehr (auch wenn das englische Klima nicht gerade ideal fürs Zelten ist!). Es ist wie eine Tankstelle für unseren Glauben – eine ausgedehnte Zeit, in der wir auf Gott hören, mehr über ihn lernen und ihm mehr Raum in unserem sonst so geschäftigen Leben geben.

Es war eine Woche, die sich deutlich von allen unterschied, die ich je erlebt hatte. Der Bibelvers, der für die morgendliche Wochenandacht ausgewählt worden war, lautete „Jesus weinte" (Johannes 11,35; ELB) – der kürzeste Vers der Bibel und trotzdem einer mit unglaublich viel Tiefgang. Bitte nimm dir nun Zeit, diese zwei Worte noch einmal laut zu lesen. Sie stehen in der Geschichte, in der von Marias und Martas Bruder Lazarus berichtet wird, der auch ein Freund von Jesus und krank war. Die Schwestern schickten eine Nachricht an Jesus und baten ihn, zu kommen, da er sich nicht weit entfernt aufhielt, aber er ging nicht sofort dorthin. Obwohl er wusste, dass Lazarus sterben würde, blieb er, wo er war, und sagte seinen Jüngern, dass er Lazarus wieder auferwecken würde, auch wenn sie nicht verstanden, was er ihnen da sagte. Lazarus lag bereits vier Tage in seinem Grab, als

Jesus endlich auftauchte. Beide Schwestern brachten den gleichen Schmerz zum Ausdruck: „Wärst du hier gewesen, wäre unser Bruder nicht gestorben." Im weiteren Verlauf der Geschichte erweckt Jesus Lazarus tatsächlich von den Toten, aber davor steht dieser kurze Vers: „Jesus weinte." Ein Teil von mir versteht, dass er aufrichtig an der Trauer der Schwestern Anteil nahm, weil Lazarus auch sein Freund gewesen war; doch das Besondere ist ja, dass er es tat, obwohl er wusste, was kommen würde. Warum?

Während dieser Woche bei New Wine war ich sehr zwiegespalten. Die Trauer umhüllte mich wie ein Mantel, aber ich wusste nicht, warum oder um wen ich trauerte. Ich wusste, dass ich etwas verloren hatte, und das war es, was ich als Mittelpunkt meiner Trauer akzeptieren konnte. Ich konnte um den Vater trauern, der Bob nie für mich gewesen war. Während ich jeden Tag auf dieser Freizeit mit meinen eigenen Gefühlen kämpfte, brachte der Herr ständig Leute zu mir und Keith, die einen Rat oder Trost brauchten. Innerlich schrie ich zu Gott: *Und was ist mit mir? Tröste mich! Was hast du mir angetan? Warum hast du zugelassen, dass das passiert? Du bist der, der mich an diesen Ort geführt hat! Warum?*

Am schwierigsten war, dass Bill Johnson, der Hauptredner auf der Konferenz, und so viele weitere Referenten immer wieder von Totenauferweckung sprachen, in jeder Veranstaltung. Diesem Wort konnte ich einfach nicht entkommen. Ich wusste nicht, ob Bob überhaupt an Jesus geglaubt hatte. Ich wusste nicht, ob er bei der Wiederkunft von Jesus gerettet werden würde. Gott schwieg. Mein Abba-Vater schwieg. Nichts war zu hören. Damals hörte ich nichts und bis heute habe ich keine Erklärung von ihm für das Ganze bekommen.

Im Oktober reiste ich im Andenken an meinen Vater wie geplant erneut nach England und besuchte seine dortige Familie. Es war sehr schwierig für mich, aber es war die Vollendung dessen, was ich mir vorgenommen hatte. Es wäre wohl einfach zu sagen, dass ich meinen Vater tatsächlich ehrte, indem ich zu seiner Beerdigung ging und später noch einmal zu Besuch kam; dass Gott, der den Todeszeitpunkt von Bob kannte, mich in seiner Gnade und Barmherzigkeit dazu brachte, mich mit Bob zu versöhnen. Beides ist zutreffend. Doch es steht immer noch eine unbeantwortete Frage im Raum, das Flehen eines verwirrten Menschen, der es so gern verstehen würde. Wäre es mir nicht lieber gewesen, dass Bob noch leben würde? Andere Menschen in der Bibel haben sich vielleicht dieselbe Frage gestellt. Denken wir an Hiob – hätte er nicht lieber seine ursprüngliche Familie behalten, als eine neue zu bekommen? Und hätte nicht auch Naomi es vorgezogen, dass ihr Mann und ihre Söhne nicht gestorben wären, auch wenn sie ein Enkelkind erhielt? All dies sind Fragen, die aus tiefstem Herzen kommen, und es entspricht unserer menschlichen Natur, alles wissen zu wollen. Und doch werde ich ständig daran erinnert, dass wir nicht Gott sind! Ich möchte hier nicht die Frage „Warum müssen wir Menschen leiden?" beantworten, die so häufig gestellt wird. Ich glaube jedoch, dass die Antworten auf all unsere Fragen in Jesus zu finden sind.

In unserer Gemeinde gehöre ich zum Leitungsteam der Frauenarbeit, der „Saphira-Gruppe". Wir treffen uns ungefähr alle sechs Wochen, und Gott spricht jedes Mal zu uns, während wir im Gebet auf ihn hören. Als dieses Buch bereits lektoriert wurde, sprach Jesus bei einem unserer Treffen in meine Traurigkeit und die unbeantworteten Fragen hinein, die mit dem Tod meines leiblichen Vaters verknüpft waren. Erfreulicherweise war unser guter Freund Dave Olson aus den Staaten zu Besuch und wir baten ihn, bei unserem Treffen über Gott als Vater zu sprechen.

Interessanterweise ging Dave an diesem Abend gar nicht so sehr auf die Unterschiede zwischen unseren irdischen und unserem himmlischen Vater ein. Stattdessen erzählte er uns von zwei der schmerzlichsten Momente in seinem Leben. Der erste war, als man ihn bat, als Pastor seiner Gemeinde zurückzutreten. In einem einzigen Augenblick verlor er seine Arbeit, sein Einkommen, sein Haus, seinen Dienst und seinen guten Ruf. Der zweite und tragischste war der Tod seiner ersten Frau Linda, die den Kampf gegen den Krebs verloren hatte. Dave schüttete uns Frauen sein Herz aus und es war mucksmäuschenstill. Wir hörten einem Menschen zu, der seinen Kampf mit der großen Frage nach dem Warum beschrieb. Dave erinnerte sich an die schrecklichen Zeiten, in denen Gott schwieg, in denen er einfach von der Bildfläche verschwunden zu sein schien. Es wirkte wie eine große Leere, in der es keine Antworten, keinen Trost, einfach nichts gab; nur Schmerzen.

Ich konnte mich gut damit identifizieren, wie Dave sich zu jenen Zeiten gefühlt hatte. Ja, ich wiederholte die Frage in meinem Herzen: *Wo warst du, Herr?* Doch das Merkwürdige war, dass Dave anschließend davon erzählte, was er selbst in den dunkelsten Stunden seines Lebens über Gottes Verlässlichkeit, Liebe und Gegenwart gelernt hatte. *Verlässlichkeit? Das kann nicht stimmen,* dachte ich bei mir. Doch Dave verströmte so eine sichere und friedliche Zuversicht, dass mir in diesem Moment die Tränen über mein Gesicht liefen. Der Heilige Geist erinnerte mich an etwas, was der Herr mir vor vielen Jahren klargemacht und was schon Jesus über den Heiligen Geist gesagt hatte: „Doch wenn der Vater den Ratgeber als meinen Stellvertreter schickt – und damit meine ich den Heiligen Geist –, wird er euch alles lehren und euch an alles erinnern, was ich euch gesagt habe" (Johannes 14,26).

Als wir noch nicht so lange Christen waren, nahmen Keith und ich an einem christlichen Jugendmusikfestival namens „Cross Rhythms" teil, das in Zelten stattfand. Wir waren zwar etwas zu alt, als dass wir noch als „Jugendliche" hätten durchgehen können, aber wir sehnten uns danach, zeitgemäßere Lobpreismusik kennenzulernen. Am Nachmittag gab es Seminare zu den verschiedensten Themen. Nach einem dieser Seminare bat Keith den Sprecher Chris Coles um Gebet, und während dieser Gebetszeit stellte sich heraus, dass Keith mich auf eine Art Podest gestellt hatte (was mir nicht bewusst gewesen war). Statt Jesus betete er mich an. Ich war überrascht, als ich hörte, wie Keith Chris davon erzählte, und ich wünschte meinem Mann, dass er Jesus näherkam. Symbolisch übergab Keith mich an Gott, sodass er Jesus an den Platz in seinem Leben stellen konnte, der ihm gebührte: den ersten Platz. Als Keith mit Worten seinen Neuanfang ausdrückte, erfüllte ihn der Heilige Geist mit solch einer überwältigenden Kraft, dass er buchstäblich zu Boden ging. Ich freute mich unglaublich für Keith und bedankte mich bei Chris. Er ließ uns zu zweit noch etwas weiter beten, und wir dankten Gott für all das, was er getan hatte.

Ich war allerdings nicht darauf vorbereitet, dass Keith sich sofort veränderte. Während er vorher meine Wünsche und Bedürfnisse immer vor seine eigenen gestellt hatte, wollte er nun nur noch Zeit mit Jesus verbringen. Er fragte mich nicht, was ich tun wollte oder ob es mir etwas ausmachte. Keith schien sich nicht mehr um mich zu kümmern. So zog er los zu einem der Zelte, in denen gerade Lobpreislieder gesungen wurden. Ich blieb allein zurück und war vollkommen irritiert. Was geschah hier? *Das ist doch nicht das, was passieren sollte, oder, Jesus?* Ich weiß, es klingt wahrscheinlich sehr melodramatisch, aber ich fühlte mich, als hätte Keith mir einen Scheidungsbrief ausgestellt, wenn auch nur in Bezug auf unseren Glauben. Ich lief ziellos umher und fühlte mich wie eine Hinterbliebene. Ich erinnere mich tatsächlich noch daran, dass ich mich so fühlte wie ein Kind, das seine Eltern in einer Menschenmenge verloren hat. Menschen drängten sich um mich her, aber ich fühlte mich völlig verlassen. Langsam stieg Panik in mir auf, sodass ich zu einem kleinen Zelt stolperte, das für Gebet reserviert war. Ich fiel förmlich durch die Tür und hatte den Eindruck, in eine leere Dunkelheit einzutauchen. Meine Augen passten sich langsam an das dämmrige Licht an, aber ich konnte trotzdem nur sehr wenig sehen, da ich völlig in Tränen aufgelöst war. Wieder war ich allein, wieder verlassen. Ich ließ mich auf den Grasboden fallen und weinte und weinte. Als meine Tränen verebbten, spürte ich, dass jemand bei mir war. Ich öffnete meine verquollenen Augen, aber außer mir war niemand im Zelt. Als ich meine Augen wieder schloss, hörte ich, wie Jesus zu mir sprach. Seine Worte waren sanft und sehr schlicht, dennoch sprach er sie mit einer absoluten Autorität: „Mandy, wenn ich dir deinen Ehemann nehme, hast du immer noch mich. Wenn ich dir deine Kinder nehme, hast du immer noch mich. Selbst wenn ich dir alles nehme, hast du immer noch *mich*! Ich werde dich niemals verlassen oder aufgeben; ich werde dich nie allein lassen – du bist mein."

Als der Heilige Geist mich bei dem Frauentreffen an die Worte von Jesus erinnerte, erkannte ich, dass Jesus trotz allem sein Wort hielt. Ich habe immer noch *ihn*. Damals wie heute bin ich mir dieser Tatsache gewiss. Es ist nicht nur ein warmes, tröstliches Gefühl oder Wunschdenken. Es ist die Wahrheit. Es gibt mir Kraft in der Gegenwart und stärkt mich im Hinblick auf alles, was vor mir in der unbekannten Zukunft liegt.

Ich habe hier diese Geschichte erzählt, weil ich jede von euch ermutigen möchte, die auch unerklärliches Leid erlebt. Ich will dir Mut machen, über deine Situation hinauszusehen und zu erkennen, dass auch Gott Gefühle hat. Er weint, wenn wir weinen. Er hat auch getrauert. Er ist der Mann der Schmerzen und gleichzeitig unser Retter. Er ist die Antwort auf all die unbeantworteten Fragen der Welt. Wenn unser Leid uns also von unserem Glauben an Jesus wegzieht, lassen wir zu, dass wir der einzigen Hoffnung beraubt werden, die es für dieses universelle Problem gibt. Keine andere Religion oder Philosophie hat eine angemessene Antwort darauf, den Humanismus eingeschlossen; niemand kann die Hoffnung vermitteln, die nur in Jesus und seiner Auferstehung zu finden ist. Die Heilige Schrift verheißt, dass es eine Zukunft geben wird, in der wir alles verstehen werden:

> *„Jetzt erkennen wir nur wenig, und auch unser prophetisches Reden offenbart nur wenig! Doch wenn am Ende das Vollkommene erscheint, wird das wenige aufhören. Als ich ein Kind war, redete und dachte und urteilte ich wie ein Kind. Doch als ich erwachsen wurde, legte ich das Kindliche ab. Jetzt sehen wir die Dinge noch unvollkommen, wie in einem trüben Spiegel, dann aber werden wir alles in völliger Klarheit erkennen. Alles, was ich jetzt weiß, ist unvollständig; dann aber werde ich alles erkennen, so wie Gott mich jetzt schon kennt."*
>
> 1. KORINTHER 13,9-12

> *„Meine lieben Freunde, wir sind schon jetzt die Kinder Gottes, und wie wir sein werden, wenn Christus wiederkommt, das können wir uns nicht einmal vorstellen. Aber wir wissen, dass wir bei seiner Wiederkehr sein werden wie er, denn wir werden ihn sehen, wie er wirklich ist."*
>
> 1. JOHANNES 3,2

Bis dahin habe ich für mich beschlossen, daran zu glauben, dass Gott weiß, was er tut. Ich kann auf den Tag warten, von dem es heißt:

> *„Er wird alle ihre Tränen abwischen, und es wird keinen Tod und keine Trauer und kein Weinen und keinen Schmerz mehr geben. Denn die erste Welt mit ihrem ganzen Unheil ist für immer vergangen."*
>
> OFFENBARUNG 21,4

Wenn du noch mehr zu diesem Thema lesen willst, kann ich dir *Wenn Gott unsere Wünsche nicht erfüllt* von Larry Crabb[15] wärmstens empfehlen. Dieses Buch zu lesen war nicht einfach und oft sehr unbequem, aber es hat mein persönliches Denken über Enttäuschung und Leid verändert. Unser Gott ist ein guter Gott, selbst wenn wir manches nicht verstehen. Doch eine wichtige Frage ist immer noch offen, und zwar die Frage, die Jesus heute an dich richtet: „Vertraust du mir?"

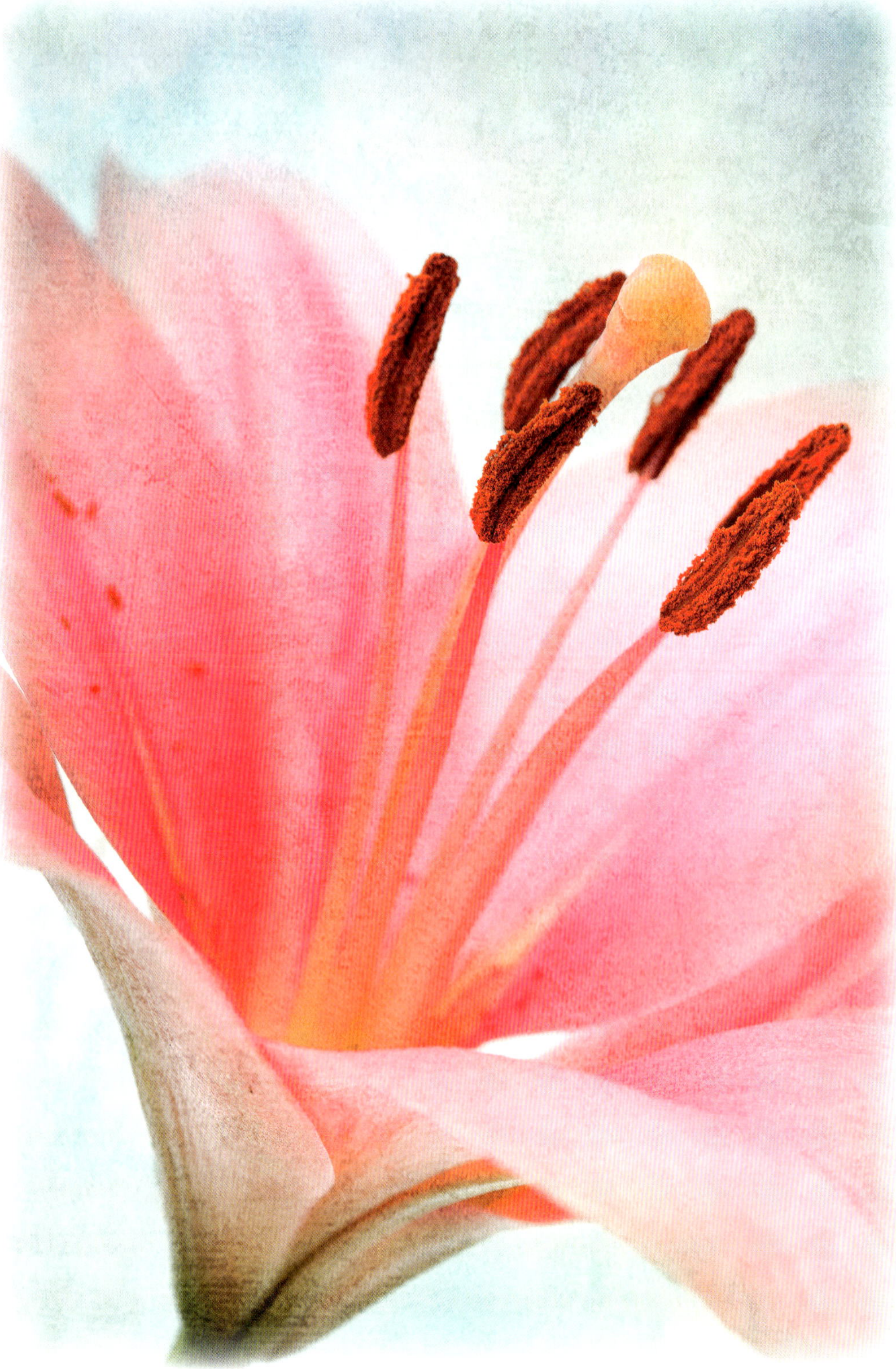

KAPITEL 10

Deine persönliche Einladung

Wenn du dich danach sehnst, Gottes Stimme zu hören, aber dir bisher nie die Zeit dafür genommen hast, darfst du wissen: Auch du wirst hören, wie seine Stimme deinen Namen ruft. Seine Stimme und seine Gegenwart stillen die Sehnsucht in dir, die durch nichts ausgefüllt werden kann, was diese Welt zu bieten hat. Einen Schritt auf Gott zuzugehen, ist genau das – ein einfacher, vorsichtiger Schritt, nicht der gefährliche Sprung, den du vielleicht vor Augen hast. Möchtest du in eine Liebe eintauchen, die dich festhält, die ewig anhält und dich niemals verlässt? Wenn du das willst, dann bist du nur ein Gebet weit von einer Beziehung mit dem allmächtigen Gott entfernt.

Beten bedeutet in seiner einfachsten Ausdrucksform einfach nur Reden mit Gott. Wenn es dir schwerfällt, die richtigen Worte zu finden, aber du die Beziehung zu Gott wagen willst, kannst du das folgende Gebet sprechen:

Herr Jesus, ich will dir heute sagen, dass ich an dich glaube. Ich glaube, dass du Gottes Sohn bist und auf die Erde kamst, um mich zu retten. Ich bin ein Sünder und gestehe ein, dass mein Verhalten mich von Gott getrennt hat. Ich weiß, dass ich mich selbst nicht retten kann. Ich glaube, dass du ein vollkommenes Leben geführt hast und am Kreuz gestorben bist, um den Preis für meine Schuld zu bezahlen. Ich glaube daran, dass du von den Toten auferstanden bist und lebst.

Ich tue Buße (kehre um) über mein altes Leben und all die schlechten Entscheidungen, die ich getroffen habe. Bitte vergib mir. Weil du all meine Schuld am Kreuz auf dich genommen hast, kann ich deine Vergebung empfangen.

Ich bitte dich, Jesus, dass du in mein Leben kommst, in mein Herz, und dort durch deinen Heiligen Geist lebst. Ich vertraue mich dir ganz an (meine Seele, meinen Willen, meinen Intellekt, meinen Charakter, meine Gefühle und meinen Körper) und bitte dich, dass du von nun an die Leitung meines Lebens übernimmst.

Voller Demut danke ich dir, Jesus, für das, was du nur für mich getan hast, und dass in dir mein Geist lebendig wird, mein Name in deinem „Buch des Lebens" steht und ich für immer bei dir sein werde. Amen.

Wenn du gerade zum ersten Mal dieses Gebet gesprochen hast und einen Schritt des Glaubens gemacht hast, dann kann ich nur sagen: Willkommen zu Hause, du bist nun Teil der Familie Gottes. Der ganze Himmel freut sich darüber und das Abenteuer beginnt! Die Reise mit Jesus scheint vielleicht nicht immer einfach zu sein, aber ich kann dir eines versprechen: Du wirst dabei viel Freude erleben.

Gehe weiter, sei mutig und erzähle einer Person deines Vertrauens von dem Schritt, den du gerade gemacht hast. Lass dich jeden Tag im Gebet zu den Füßen von Jesus nieder und erinnere dich daran, dass Gottes Geist in dir lebt. Kaufe dir eine Bibel und fang an, darin von all den wunderbaren Dingen zu lesen, die Gott getan hat, tut und tun wird. Nimm all die Versprechen, die er für dich bereithält, in Anspruch und vergiss nicht, wie schön du wirklich bist! (Wenn du dieses Buch noch nicht gelesen hast, blättere zurück, lies es zu Ende und entdecke deine Schönheit!)

NACHWORT

Die kleine tanzende Blume

Zum Schluss möchte ich dich noch mit einem Bild ermutigen, das mir gerade vor Augen steht. Ich sitze im hinteren Bereich des Gebetsraums im International House of Prayer in Kansas City in den USA, da ich die Einladung angenommen habe, meine Pastorin Silvia Nickelson auf ihrer Reise hierhin zu begleiten. Meine Reise an diesen Ort und das, was ich gerade erlebe, kam unerwartet. Ich hatte nicht geplant, in die USA zu fliegen. Es ist, als hätte der Heilige Geist mich liebevoll entführt, nur damit ich dieses Buch für dich schreibe und dir beschreibe, was ich vor mir sehe.

Ein kleines Mädchen, kaum älter als fünf Jahre, zieht meine Aufmerksamkeit auf sich. Während die Erwachsenen um sie herum ihre Stimmen im Lobpreis für Jesus erheben, hat sie sich entschlossen, zu tanzen. Sie bewegt sich zögerlich, als sei sie sich ihrer selbst nicht ganz sicher. Sie schaut sich um, weil sie sehen möchte, ob jemand sie beobachtet. Nein, niemand hat sie bemerkt. Nun fühlt sie sich sicherer, also macht sie noch ein paar Tanzschritte. Bei ihrer ersten Drehung hebt sie ihre Hand. Das war schon ganz schön gewagt und sie taumelt ein bisschen, aber findet schnell ihre Balance wieder.

In einem Mutanfall macht sie nun einen großen Sprung. Ihre Bewegungen sind noch etwas linkisch und der plötzliche Schwung bewirkt, dass sie auf die Knie fällt. Sie hebt ihren Kopf, steht wieder auf und beginnt erneut, sich zu drehen. Sie dreht sich noch einmal, jetzt schon etwas mutiger. Dabei hält sie ihre Arme hoch und schwingt elegant über das Parkett.

Es dauert nicht lang, bis dieses hübsche kleine Mädchen ihren selbst gewählten Raum völlig ausfüllt. Inzwischen sind die Umstehenden auf sie aufmerksam geworden, aber sie ist sich ihrer Gegenwart gar nicht mehr bewusst. Sie tanzt für den Einen, der sie mehr als jeder andere liebt, für unseren Vater, den Gärtner, seinen Sohn und den Heiligen Geist.

Während sie weitertanzt, zieht sie immer mehr Blicke auf sich. Ihr Tanz berührt die Herzen der Menschen und sie hören die unausgesprochene Einladung, mitzutanzen, weil sie den Einen entdeckt hat, für den sie tanzt. Ihr zittriger, zaghafter Beginn wird zu einem anmutigen Liebesgeschenk, das ganz natürlich aus ihr herausströmt. Sie spürt die Freude des Herrn und schenkt ihm ihre Freude zurück.

Ich bin wie dieses kleine Mädchen; ich habe die Bühne des Lebens betreten und lerne, wie die Blumen auf den Wiesen zu tanzen. Komm, tanz mit mir. Du musst nicht bereits alle Schritte kennen. Du musst nicht perfekt sein. Dein persönlicher Tanzstil wird sich entwickeln, je mehr du lernst, einfach eine Blume im „Gartenherzen" Gottes zu sein.

Anmerkungen

1. Im Englischen bietet der Name „Pass" zahlreiche Möglichkeiten für Worterweiterungen und Spitznamen, wie zum Beispiel „passport" (Personalausweis), „password" (Passwort), „pass the parcel" (Gib das Paket weiter) etc.

2. Diese Geschichte kannst du in Lukas 10,38-42 nachlesen.

3. Wenige Monate zuvor war eben dieses Auto von dem Parkplatz vor unserem Haus gestohlen worden. Doch nur wenige Tage später stand es wieder dort, ohne irgendwelche Schäden. Nur etwas Benzin fehlte. Ich hatte eine Predigtkassette im Auto liegen lassen und ich stelle mir gern vor, wie der Dieb mit meinem Auto herumfuhr und dabei der Predigt zuhörte. So berührte der Heilige Geist ihn und sein Gewissen – oder war es vielleicht doch nur ein Zufall?

4. Dave Olson: www.inabba.org; Ursula & Manfred Schmidt (2009): Hörendes Gebet. Grundlagen, Praxis, Wachstum. GGE, Hamburg; Leanne Payne (2009): Dich will ich hören, Herr. Wie man das leise Reden Gottes besser versteht – und wie ein Gebetstagebuch dabei hilft. Asaph, Lüdenscheid.

5. Erschienen 2008 bei Asaph, Lüdenscheid.

6. Wenn du dich näher mit der Sprachenrede beschäftigen möchtest, empfehle ich dir folgendes Buch: Corey Russell (2014): Die Herrlichkeit in dir. Das innere Leben und die Kraft des Sprachengebets. Grain Press, Vaihingen/Enz.

7. Du findest es in Matthäus 6,9-13.

8. „Abba" ist das aramäische Wort für „Vater". Jesus sprach Gott so an, wenn er mit ihm redete (vgl. Markus 14,36), und wir als Gottes Kinder dürfen ihn im Gebet auch „Abba" nennen („Weil ihr nun Gottes Söhne und Töchter seid, gab Gott euch den Geist seines Sohnes ins Herz. Der ruft aus uns: ‚Abba! Vater!'"; Galater 4,6; GNB).

9 Auf Deutsch von Jack Frost erhältlich: Die Umarmungen des Vaters (2014). Grain Press, Vaihingen/Enz. Weitere Informationen über seinen Dienst (in englischer Sprache) sind auf folgender Website abzurufen: www.shilohplace.org. Weitere auf Deutsch erhältliche Bücher zum Thema: Matthias Hoffmann (2013): Gottes Vaterherz entdecken. Ein Praxisbuch mit persönlichen Hilfestellungen, Gott als Vater zu entdecken. Cap-books, Haiterbach-Beihingen; Manfred Lanz (2014; 3. Auflage): Leben in der Liebe des Vaters. Eine Entdeckungsreise zum Vaterherzen Gottes. SCM R.Brockhaus, Witten; Brennan Manning (2013; 7. Auflage): Kind in seinen Armen. Gott als Vater erfahren. SCM R.Brockhaus, Witten.

10 Auf ihrer Website www.kanaanministries.org findest du umfassendes Material in deutscher und englischer Sprache zum kostenlosen Download, zum Beispiel „Emotionaler Schmerz".

11 Auf www.kanaanministries.org findest du hervorragendes Material über die Gaben Gottes (in deutscher Sprache „Gabentest" bzw. „Gottes Gaben in dir"). Darüber hinaus empfehle ich folgende Bücher zu diesem Thema: Christian A. Schwarz (2001): Die drei Farben deiner Gaben. Wie jeder Christ seine geistlichen Gaben entdecken und entfalten kann. NCD-Media, Emmelsbüll; Peter C. Wagner (2014): Entdecke deine Geistesgaben. Der Leitfaden, um deine Geistesgaben zu identifizieren und zu verstehen. William Carey Verlag, Werneuchen.

12 Vgl. http://www.joycemeyer.org/articles/ea.aspx?article=doing_your_best_with_what_you_have [abgerufen am 14. April 2014].

13 True Colors, geschrieben von Billy Steinberg und Tom Kelly, erschienen 1986 auf Cyndi Laupers Album „True Colors", Portrait Records.

14 Hannah Hurnard (1955): Hinds' Feet on High Places. Christian Literature Crusade. Sheffield.

15 Erschienen 2003 im Brunnen-Verlag, Basel.